どんな論文でも書けてしまう技術

一億人の知的生産講座

鷲田小彌太
washida koyata

言視舎

言視BOOKS　どんな論文でも書けてしまう技術　目次

第2章　論文のカギをにぎる準備　39

第4章　書いた論文を発表する&論文のアフターケア　111

序論　論文は名刺代わり

私が書くことをあらゆる人にすすめる理由

私が最初の著書を出したのは一九七五年、三三歳のときだった。書くだけに一年くらいかかった。刷り上がり、出版社から送られてきた、新しいインクのにおいを放つ本を手にしたとき、これで、「私」というものの存在が、この地球上に、かすかにでも痕跡をとどめることができる、という静かな感動をうることができた。いつ私の生命が終わってもいい、という満足感もやってきた。どんなに大げさに聞こえようとも、あのときの感激はいまでも忘れることができない。

処女著作を書くまで、卒業論文と修士論文をのぞけば、大学の紀要と専門誌にわずか二本しか発表していない駆け出しが、一冊書いたのだから、たしかに大冒険であった。出すことをすすめてくれたのは、当時大阪経済大学の山本晴義先生で、新泉社の小汀社長が出版の機会を与えてくれた。

一九六〇年代まで、論文を出すことさえ困難だった。出す場所がないから、書かなかった。書けなかった。まして著作などということになれば、一大事業の観があった。一生に一書でも、というのが研究者たるものの望みだった。

ところがどうだろう。現在、二〇代で論文を書く人はざらにいる。著書をもっている人だって珍しくない。そういう時代になったのである。出版する媒体《メディア》も機会《チャンス》も段違いに増えた。インターネットなら、別に「公刊」のメディアは必要のない時代になったのだ。

私は、自分の経験にもとづいて、ことあるごとに、年齢性別職業を問わず、「文章」を、それも「論文」を書くことをすすめてきた。いきなり著書を、というのさえある。尻込みする人にも、「名刺」代わりなのだから、と強要することさえしてきた。ところが強くすすめて書かなかった人は稀である。

婦人が書く。学生が書く。リタイアー組も書く。激務と雑用に追われている現役の教師が書く。誰にしろ、一生に一本の小説を書くテーマをもっているといわれるが、小説を「論文」、「著書」と置き換えても、もちろんいい。

「書いたもの」をもつということは、ブランドものの時計や愛犬をもつのとは違う。「時計」は金で買うことができる。不即不離と思う飼い犬だって、いつかは離れなければならない。しかし、**「私が書いたもの」は金では買えない。**「分身」だが、「私の精神」の分身である。ある意味では、**「私」という存在の不滅の証《あかし》**である。

名刺代わりに論文をもつということを、不滅の精神=分身をもつなどと大げさに考えなくともいいだろう。しかし、「わたしはこう書いた」、というものをもつことは、私を、唯一無二の人にも、不特定多数の人にも、正確に知ってもらうことができる最良の方法の一つである、というのが私の考えでもあり経験則でもあった。

いやぁ
私もまた一冊
書きましてね
よろしかったらどうぞ
拙著で恐縮ですが
お暇なときにでも
お読みください
論文
論文

1 万人が書く時代である

パソコン（ワープロ）は、当初現れたとき、

◇単なる清書機械にすぎない
◇言葉と思考をモノタイプにする
◇活字離れを促進する
◇非人間的、非精神的機械である

などと中傷された。

「機械」をすべて非人間的なものだ、という人もいるから、このような意見にあまり神経質になる必要はない。あるいは、すべてに欠陥なきものはないから、とりわけ初期段階には、使い方を誤れば、パソコンは非人間的だ、という結果を招く可能性もあった。

しかし、パソコンが進化し、多くの人に使われるようになって、明らかになったのは、まったく逆のことだった。つまりパソコン（ワープロソフト）は、

◇優れた思考機械であり
◇多様なタイプの言葉と思考を可能にする
◇文章を書き、伝達することを可能にする

情報社会になくてはならない精神機械なのである。

パソコンの登場によって、万人が書く時代が始まった、というのが私の年来の主張である。

梅棹忠夫『知的生産の技術』のインパクト

書くことは、天才の特権ではない。誰でも、きちんとした「技術」を習得すれば獲得することのできる能力である。このことを明らかにしたのが**梅棹忠夫『知的生産の技術』**（岩波新書　一九六九年）であった。

梅棹の主張を凝縮すれば、三つに要約できるだろう。

第一は、技術観だ。知識人の「技術」嫌いに対して、いう。

《技術というものは、原則として没個性的である。だれでもが、順序をふんで練習してゆけば、かならず一定の水準に到達できる、という性質をもっている。それは、客観的かつ普遍的で、公開可能なものである。ところが、それに対して、研究とか勉強とかの精神活

動は、しばしばもっとも個性的・個人的な営みであって、普遍性がなく、公開不可能なものである、というかんがえかたがあるのである。

しかし、いろいろしらべてみると、みんなひじょうに個性的とおもっているけれど、精神の奥の院でおこなわれている儀式は、あんがいおなじようなものがおおいのである。おなじようなくふうをして、おなじような失敗をしている。それなら、おもいきって、そういう話題を公開の場にひっぱりだして、おたがいに情報を交換するようにすれば、進歩もいちじるしいであろう。そういうようにしようではないか、というのが、このような本をかくことの目的なのである。》

このようにして、梅棹は知的生産を技術としてとらえ、その体系化をめざした。今日なら普通の意見だが、当時は、技術化できる知的活動などというものは「低準位」のものにすぎない、と知識人たちに軽蔑の目で迎えられたのである。

第二は、書く技術である。

私が梅棹の文章を真似て書きはじめたころ、たしか名古屋の小学生から(というふれこみで)、大学教授なのに、文章がおかしい。「とくに、句読点の打ち方がおかしい、国語の教科書を読んでもう一度勉強して下さい」、というハガキをいただいた。

しかし、梅棹の文章は、学術論文であれ、エッセイであれ、みな同じ調子で、じつにわかりやすいのである。梅棹は、耳で聞いてもわかる文章、ひらかなで書いてもわかる文章を書こうとするのだ。これは、考えられている以上にむずかしいことである。

第三に、考える技術である。

徹底した帰納法的考え方を追求する。

①用意周到に必要な材料を集める。

②材料を、あらかじめ決まった特定の原理によって分類、配置し、思考を展開することを禁じる。

③材料をバラバラのままある程度まとまりのあるグループに(恣意的・偶然的に)分け、そのグループを「思考者」(考える主体)が(主観的に)つないでゆく、と主張するのである。

これは、原理によって分類し、原理によって体系的に展開していくのが至上だとされた従来の思考パターンを破るものだ。

実のところ、後に示すように、梅棹の主張はパソコン思考術とでも呼ぶべきものである。その功績は絶大である。しかし、『知的生産の技術』が書かれた当時は、梅棹の「技術」論を可能にする「ハード」（機械）がまだ生まれていなかった。せいぜいが「かなタイプ」であった。梅棹は、パソコンの存在を前提することなしに、パソコンで万人が書く時代の「技術」を提供するという破天荒なことをやったのである。

清水幾太郎の「命題」

岩波新書に、『知的生産の技術』とならぶミリオンセラーがもう一冊ある。梅棹の本より十年前に出版された**清水幾太郎『論文の書き方』**だ。清水の本にもずいぶんお世話になった。この本の基本的な考え方は、
①文章は才能に負っている、
②文章の才能（清水）が習得したものの中から、誰にでも習得可能なポイントを教えよう、
という二点にある。


清水から、文章修業の中からしか学びえない「論文の書き方」を学ぶのは無駄ではない。大いに勉強になる。

なによりも、書くという精神活動がもっている特別な意味が、噛んで含めるように述べられている。それに、清水の文章修業から抽出された、**書くために必須な「命題」**は貴重である。
①短文から始めよう
②誰かの真似をしよう
③「が」を警戒しよう
④日本語を外国語として取り扱おう
⑤「あるがままに」書くことはやめよう
⑥裸一貫で攻めて行こう
⑦経験と抽象との間を往復しよう
⑧新しい時代に文章を生かそう
これは目次そのままを列挙しただけであるが、実に重要で、私もいまなおつねに忘れずに頭の中心においている命題である。

しかし、これらは、「モーゼの十戒」のごとき訓戒であって、その訓戒を実現する「技術」は『論文の書

き方』の中では、ほとんど提供されていない。

つまり、清水が見せる「技術命題」（書き方）は断片なのである。その命題を実行するには、清水以上の修練が必要になる、といっていいだろう。

これに対して、**文字通りの書く技術を示したのが梅棹**である。その梅棹の技術を、パソコン時代にふさわしい形で、しかも**より技術的な方面に重点を絞った形で提供しようというのが、本書**である。

パソコン（ワープロ）を使うと、誰でも文章が書ける。インターネット通信なら、「書けてしまったが、これでいいの？」というとまどいさえ出るほど、やすやすと書けるのである。書くのがむずかしいという心的抑圧が外れることになる。それに書いたものがまずまずまともなのだ。読まれても恥ずかしくない程度にだ。鉛筆や万年筆で書いている間は、こうはゆかなかった。

ところが、大学受験や就職試験の「小論文」や、各種試験の論述では、いまだに手書きが要求される。これはおかしくないか。パソコンの時代に、鉛筆で書くことを要求するのは、電気炊飯器の時代に、かまどで飯を炊く技術を試すようなものなのである。

私がいう「万人が書く時代」とは、「パソコンで書く時代」を前提としている。パソコンを万人が使う時代をである。パソコンで試験を受ける時代なのだ。

2 「論文」とはどういうものか

しかし、パソコンを使うと「とりあえず書けてしまったけれど、これでいいの？」という人も、「論文」となるとそうはいくまい。「とりあえず書けてしまった」というわけにはゆかない、のが論文である。論文を書くためには、少々やっかいなことに、それなりのプロセスがあり、技術がいる。

そもそも論文とは？

ところで、そもそも論文とは何か。これもやっかいで、簡単明瞭な答えがでるわけではないが、少し考えてみる価値はあるだろう。

私が目にしたかぎり、「論文」の書き方にかんする書物で、「論文とは何か」を明確にしたものはない。「論文とは何か」が、万人に自明のものとなっているからではない。「論文」は、時代や国によって異なり、こうだ、と一義的にいいにくいからである。

『広辞苑』（岩波書店）

1 論議する文。事理を論じきわめる文。議論文。
2 学術的な研究の業績や結果を書き記した文。「博士論文」

文章がまるで硬い。

『新明解国語辞典』（三省堂）

ある事柄、特に学術的な研究の結果などを筋道を立てて述べた文章。「入試の小━」「卒業━」

日本の国語辞典類は、大同小異である。そして、辞典的「定義」ではこれ以上無理だろう。

好著として名高い**澤田昭夫『論文の書き方』**（講談社学術文庫）は、

「論文というと、英語のリポート、リサーチ・ペーパー、ターム・ペーパー term paper、シーシス thesis、ディサテーションなどを含みます。」という。澤田はそれぞれの「実体」を示す。

①**リポート**は、「程度の差こそあれ多少の研究調査にもとづいて書かれた報告一般」
②**リサーチ・ペーパー**は、「注をつけた、研究の裏付けのある論文」
③**ターム・ペーパー**は、「リサーチ・ペーパーでもあり得ますが、ふつうは注などつけずに、……自分の考えを軽くまとめた学生のリポート」
④**シーシス**は、学士、修士論文で、高度のリサーチ・ペーパー
⑤**ディサテーション**は、博士論文で、高度のリサーチ・ペーパー

まずこのようなところでいいと思うが、ちょっと辞典ものぞいてみよう。

『新和英中辞典』（研究社）

ろんぶん 論文

〈一般の〉an essay, a treatise;〈専門的な〉a monograph;〈学位・卒業の〉a thesis《pl. theses》; a dissertation;〈新聞などの〉an article;〈学会などの〉a paper ¶ 論文を書く write a paper [thesis, monograph]《on a subject》/ 論文を提出する submit [present] a thesis《to sb》/ 試験に小論文を課する set [have《the students》sit] an essay examination.

論文もいろいろあることがわかるだろう。少し補足しよう。

①**エッセイ**　随筆等を想起するだろう。モンテニューの『エセー』であり、吉田兼好の『徒然草』である。しかし、「小論文」から、ロック『人間知性論』(An Essay Concerning Human Understanding) のように堂々たる体系的論文（著作）まで幅が広い。

②**トリーティス**　ヒュームの主著は『人性本性論』(Treatise of Human Nature)。

③**モノグラフ**　専門《モノ》な対象に関する研究論文。自然技術系の論文はほとんどモノグラフ。

④**アーティクル**　新聞雑誌の論文。「社説」(leading article)。

いずれにしても、「論文」は、対象が何であれ、長さがどうであれ、発表場所がどこであれ、研究と調査によって書かれた文章のことである。

しかし、「定義」とは、「こうだ」ということだが、「これとは違う」(種差) ということを通じて（しか）、「こうだ」とはいえないのである。「論文でないもの」である。

「論文」でないもの。

①小説、詩歌等のフィクション
②作文、日記、ノート等のメモ
③統計、記録、実録等のデータやドキュメント
④箴言、命題集等のエピグラムやアンソロジー
⑤新聞雑誌の記事や雑録のニュースやコピー
⑥教義や宣言文等のドクトリンやステーツメント

これで頭の中にある論文のイメージがかなりはっきりしてきたのではないだろうか。

3 論文を書いて、何の役に立つか

論文はやっかいなものだ、ということが、論文ではないものと比較してみるとわかるだろう。そんなやっかいなものを背負い込んで、「何の役に立つのか」と考える読者も少なくないだろう。しかし、私がすべての人に論文を書くことをすすめる理由は四つある。

1 **ほとんどの人が、役に立つ立たないにかかわらず、論文を読み、書くことを課せられる**のである。

大学受験や就職試験には多くの場合、「小論文」がある。

学生なら各種大量の「ターム・ペーパー」(リポート)を課せられる。卒業論文がある(最近は卒論提出義務がない大学、学部が多くなったが)。大学院に行くと論文を書かないと修了できない。

就職したらどうだろうか。勘と体験ですんだ時代は終わったのである。自分のやっている仕事をうまくやりとげようと思えば、仕事関連の記事やペーパーを読まなくてはならない。これだけビジネスの世界が拡がり、相互につながりができてきたのだから、仕事に直接関係のない分野のペーパーも、手に取らなければならなくなった。

ことはビジネスマンやウーマンだけのことではない。主婦であろうとリタイアー組であろうと、ときには小中学生であろうが、少しでも積極的に生きようと思えば専門的な知識や技術を知っていなければならない。そのためにペーパーを読む必要が格段と増えたのだ。

2 **論文をよく読むためにも、論文を書けなければならない。**

仕事《ビジネス》をスムーズにこなすためには、論文を書くことが必要になる。自分の仕事の企画、プロセス、成果を順次ペーパーという形で報告(公表)しなければならない。たんに社内の上司や同僚にだけではなく、同業者、顧客、社会一般に向かって、自社のビジネスの可能性や困難をレポートする必要がある。このレポートで格段にビジネスの幅が広がるのではないだろうか。この報告論文作成に頭を悩ませている人は少なくないだろう。

論文を読むのには精神的な緊張を必要とする。しかし、論文を書くとなると、その緊張度はいっそう増す。相手に、言葉だけで、誰でもわかるように明確に、事柄の内容や主張を簡潔に伝達しなくてはならないからだ。**正確に書くことができて、はじめて理解に達した、**とよくいわれるのはそのせいである。少し極端にいえば、論文が書けてはじめて、論文をすっきり読むことができるのである。

人のことを口で批判（非難）するのはそんなにむずかしくない。人間は総批判家である。しかし、その批判を文章にして下さい、というと、ことは簡単ではない。

たとえば、新聞の投書欄には、自分のことを棚に上げ、「多数の声」を当てにした、世論の代理人のような文章が多い。その主張の「論拠」は何なのか、と問われると、雲散霧消してしまう類の意見なのである。

書くという作業の中でもとくに、正確を期して簡明に書こう、という精神が働く（べきな）のが論文形式である。だから書くということは、それも論文を書くということは、**人間の精神活動を鋭く、深く、広くするのに役立つこと大**である、というのが私の意見である。

3　文章を書くというのは、人間の精神を広く、豊かにする、晴れがましい**社交＝社会的行為**である、というのが私の経験則である。コンパをやったり、旅行したり、パーティーをする「社交」とはまた違った「社交」である。ここでの社交は、単なる知的アクセサリーではない。情報社会に生きるものにとって、知的社交生活を送るということがどれほど重要かは、今さら述べるまでもないだろう。

4　私として、とくに強調したいことがある。

先に述べたように「知的生産の技術」を定着、進化させたのは、梅棹忠夫の功績である。「知的生活」を定着、進化させたのは**渡部昇一**の功績だ（『**知的生活の方法**』正・続　講談社現代新書）。しかし、この知的生産にしろ、知的生活にしろ、特権的とまではゆかないが、比較すれば、少数の人たちに可能な生き方、考え方、書き方を表現する言葉であった。

ところが、情報社会の進化の中で生きる私たち大多数にとって、もう少しクリアな表現が必要になったのではないだろうか。1の理由で述べたように、論文を書くことは、少数者の特殊な仕事ではなく、ビジネスでも個人生活でも、ますます大きな位置を占めるようになっている。

研究論文を必要とするような生き方

たとえば、大学の卒業論文だ。

大学が大衆化し、半数近くが大学卒業者になる時代を迎えた。一九七〇年代から九〇年代まで、増大する大学数と大学生数の中で、卒業論文を書くことが、学位を取る必須条件でなくなった。原因は、学生の学問をする意欲と能力の低下に、教師の卒論指導を煩雑とする怠慢さにあるといわれてきた。

ところがその傾向に反して、**情報社会の進展**は、研究論文を書くこと、そのことを通じて研究能力を高め、ビジネスでも、個人生活でも活力ある生き方を求めることを、ますます要求しているのだ。

それに、多数の学生に、卒業論文を書く意欲が見られないのは「事実」だとして、そのことはただちに学生に卒論を書く能力がない、ということを示しているのではない。むしろ、卒論を書かなくてもいい、研究論文は学業に必要ない、という大学側あるいは学生を採用する会社側に原因があるのではないのか。そのため学生の論文を書く意欲も能力も発揮されない、と考える必要があるのではないか。大多数の学生は、書かせれば、書く動機を与えさえすれば、書くのだ。**社会全体は、書く動機を増大させている**のだから、なおさらである。

ビジネス社会では、ことはよりいっそう簡明である。与えられた仕事を事務的にこなすだけではなく、新しい仕事を自分で見いだしていく、そのために、新しい分野を研究調査して、その成果を会社内外に認めてもらう、という働き方はどんどん重要になっていく。印刷物という形であれ、インターネットという形であれ、研究調査をレポートする必要はますます高まってくる。それは、特殊な部局（企画部や研究調査部）の特別な仕事ではなくなっている。

さらに、個人生活でも、それが直接に仕事で生かされない種類のものであっても、生きる糧になる、あるいは将来の仕事を開拓するために役立ちうるような、研究調査をもとにした生き方の部分が大きくなるのではないだろうか。いえ、すでに大きくなっている、というのが私の実感である。

だから私は、研究論文を書くことを必要とするような生き方を、知的生産や知的生活という言葉にかえて、**「研究的生産」**、**「研究的生活」**といってみたいと思う。本書は、「研究的生産の技術」、「研究的生活の方法」の中心部分、あるいは序論でもあるのだ。

第1章 論文のテーマはどう決めるか

「最初にテーマありき」はほとんど失敗が約束されている。テーマや問題意識は対象と格闘するなかで生まれる

家族、会社、学校、国家という組織やシステムでも、恋愛、仕事、人生、戦争という人間の活動でも、あらゆることについていえるが、テーマがなければその存在は不確かで、つかみどころがないものになる。

テーマがなくとも、家族は存続する。人生だって、会社、仕事だってそうだ。しかし、人間と人間の社会はテーマをもたないと頼りない。まとまりを失い、分裂したり、ふわふわと流されてしまったりする。

国家は長期の基本テーマを「憲法」の中に表明している。憲法とは「国の形」であり、「国の心」である。経済政策の基本テーマは「予算」の中で示される。その予算の中にも、省庁ごとのテーマがある。それはまたさらに細分化されていく。テーマの重要さは大小では決まらない。大きいテーマが重要なこともあれば、小さなテーマが重要なこともある。

私は、一年の計を一二月三一日に立てることにしている。新しい年の総テーマである。月ごと、週ごと、日ごとの大まかなテーマをその時々で立てる。総テーマは見取り図として重要だが、一日のテーマやスケジュールをきめ、着実に実現してゆかないと、画餅に終わる。

論文の場合、テーマは命だ。テーマのない論文は論文ではない。

私が習った相原信作教授は、学部の哲学科（三年生）に入ったばかりの私を前に、カントの主著『純粋理性批判』の原書を三回読んだら、卒業論文のテーマはおのずと出てくる、とおっしゃった。正味一年間ちょっとで、私のようなドイツ語の不十分なものが、難解中

の難解、ドイツ人でも素通りするというカントの大冊を三度読めるとは思えなかった。しかし、先生の命を守ろうと、読み始めた。結果は、二度読み切ることさえできなかった。それというわけでもなかろうが、カントの原書を読むだけではテーマが現れなかった。正確にいえば、あれもこれもということで、テーマを一つに絞りきることができなかった。

卒論は、当時出たばかりの岩崎武雄『カント「純粋理性批判」の研究』からヒントをえて、テーマ消失の難を逃れた。なんとか「実践的自由とその主体」という六〇枚の「論文」を書き上げることができたのである。

テーマや問題意識がないから論文が書けない、というのは嘘である。正確にいえば、嘘というより、遁辞、つまり言い逃れだ。普通は、いろいろ調べ出すと、あれもこれもとテーマが錯綜してきて、収拾がつかなくなる。テーマがないのは、下調べをしていないから、調べる意欲が稀薄だからというケースが大部分なのである。

面白いのは、どんなに関心の薄い問題でも、たとえ強制されたものでも、文献を集め、周辺問題を調べてゆくと、関心がわいてくることである。これは私の偽りのない経験則だ。

「テーマ」や「問題意識」がなければ、当然のことながら、論文は仕上がらない。しかし、もっと問題なのは、テーマや問題意識が先行しすぎたり、強すぎたりしても、ろくな論文が仕上がらない。これはとかく見過ごされがちな重要な問題である。初心者が多くの場合、問題意識の重さに押しつぶされたり、問題意識の高さに目が眩んで、いつまでも開始の糸口がつかめないまま、頓挫してしまうのである。

もちろん、最初は、ぼんやりした、大づかみのテーマや問題意識は必要である。しかし実際には、**はっきりしたテーマや問題意識は、対象と格闘する中から現れる**、というのが本当なのだ。だから少々極端にいえば、「最初にテーマありき」は、おおよそのところ失敗が約束されたケース、と考えてもいい。はじめから「結論」が決まっているような論文は、その結論の証拠固めのためだけに労力が費やされる。結果、自説に都合のいいようなデータや論理で埋められる論文が仕上がってしまう。

これを犯罪と起訴、裁判に当てはめてみればよくわかる。

警察と検察側が、明々白々と思える犯人の逮捕と自供によって、十分な証拠固めをすることなしに起訴し、裁判に持ち込んだとする。そのような場合、公判中に自供を翻されると、犯人を有罪に持ち込む証拠と論理がくずれてしまう。こういうことは、稀にではあるが実際に裁判で起きる。

論文の場合、このような事態はもっとも頻繁に生じる。そして、当初、多くの人の賛同をうることがあっても、時がたてばそのご都合主義の化けの皮が剥がれるのである。

1 テーマは途中で変わってもいい

テーマがなければ、準備に入ることができない。しかし、テーマは、最初、あくまで暫定的なものにとどまる、と考えたほうがいい。


たとえば、「国家財政の収入拡大をはかるために税制を強化するにはどうすべきか」というテーマを掲げて調査、研究を始めるとする。過去の歴史とさまざまな処方箋を参照して、ハイエク（小さい政府を主張するアメリカの経済学者）が説くように、所得税率を一律一〇パーセントにすれば、現行の累進課税より徴税経費が少なくてすむから、プラス税収になる、という「仮説」が成立したとする。とすると、テーマは「税制の強化」というよりは「税制の簡素化」あるいは、「税率の一律化」としたほうが適切である。これは、見方によれば、まったく逆のテーマである。

このような劇的なテーマの変化は、起こらないにこしたことはない。しかし、論文というやっかいなもので、対象と真剣に格闘すればするほど、**当初のテーマが余儀なく変更される**、ということが生じるものなのだ。

以上のような理由から、私は、**準備段階の「テーマ」は、つねに「仮定」**であり、物語を紡ぐためのとっかかりだ、と考えるようにしている。最初立てた「テーマ」に拘束され過ぎない、ということだ。

一九七〇年くらいまで、私が教わった相原先生のように、「テーマ」は対象に熱中する中から生まれてくる、という言い方がはやった。これは、誤解されやすいのだが、はじめはテーマや問題意識がなくともいい、ということではないのだ。

　学生は頭でっかちで、問題意識ばかり大きい。テーマも広大だ。だから、テーマ倒れにならないために、自分が抱いているテーマをいちおう度外視して、対象に没頭しなさい、テーマもなるべく小さく絞りなさい、という忠告が必要だったのだ。それでも当時は、調査や参照が不十分で、まとまりのない仕上がりの論文が多かった。

　ところが、一九八〇年以降の青年や学生は、「テーマ」をもたず、あっても小さく、問題意識も稀薄なのだ。ところが、「テーマ」を与え、問題意識をもたすような助言をすると、そこそこ調べ、ある程度まとまったものに仕上げるのである。

　この傾向の違いは、大きくは団塊の世代とそれ以降を境目としている。概していえば、団塊の世代までは「テーマ」で書き、それ以降は「調査」で書く、という傾向がある。どちらがいい、というわけではない。どちらにも過不足がある。

　だから、自分がテーマ主義に陥っていないか、反対に、テーマの過小に陥っていないか、ということを絶えず注意し、自己診断をおこなうべきだ。

　そしてさらに付け加えると、後で詳しく述べるが、私のように、調べながら書く、書きながら調べるというように、調査・研究と執筆とが同時並行的に進む場合、テーマも結論の予測も、当初想定していたものとは、正反対に近いものになってしまう場合がある。しかし、このようなテーマの変更はむしろ好ましい、と考えて欲しい。ただし、この場合重要なのは、**なぜ（論拠）、どこで（プロセス）テーマ変更が生じたのか、を明確にしておく**ことだ。テーマの変更は、書き手の思考態度（立場）、思考方法の変化に通じているものであり、書き手はそれを正確に把握している必要がある。

2 最初は広く漠然としたテーマからはじまる

第1節で述べたように、テーマがなければ、論文を書くための調査、研究も始まらない。

私は、卒業論文を書くために、あらかじめテーマがなかったわけではない。しかし、それをいちおう度外視して、先生の忠告に従って、カントの主著を読む、という作業に集中した。「読む」ということを最初のテーマにしたわけだ。この作業は、同時に調査、研究をも含んでいた。しかし、テーマとしては、空漠として、つかみどころのないものだった。

「読む」とは、カントの主著に書かれている内容を理解する、ということだ。どんどんノートがたまっていった。たとえば、カントの主著を「山」に喩えてみよう。

山に登る。登るルートはまだない。テーマは「最適ルートの発見」である。自分で未踏のルートをたどってみる。幾通りものルートが可能である。その一つひとつをたどってみる。その一つひとつの状況をつぶさに観察し、比較検討してみる。やっとのことで、誰にでもすすめることのできる、最も自分が最適と思えるルートを見いだすことができた。このルートを多くの人々が利用可能なものにするために、道案内をつくり、標識を立て、中継小屋を設置してみてはどうだろうか。私のテーマはさらに膨らんだ。

しかし残念ながら、私の「カント読解」で、（私にとって）最適の「読み」を発見することはできなかった。それで、私が読みとった幾通りかの「読み」を、岩崎武雄の研究書を参照しながら、再検討してみた。そこで、ようやくのこと論文の「テーマ」（暫定的）を絞り込むことができた。テーマを決めるためにも、予備的な調査、研究が必要なのである。

もちろん、はじめから、「テーマはこれしかない」ということもあろう。「はじめにテーマありき」では失敗すると先に述べたが、長い間、疑問を抱き、その疑問を解こうとしてきたテーマならば、それでよい。その場合も、プロセスを振り返ってみれば、当初の広く漠然としたものから、焦点のはっきりしたものへと、長い時間をかけて絞り込まれてきたテーマであるはずだ。

最初からはっきりしたテーマがあるのは、たいてい与えられた場合である。懸賞論文や雑誌の特集への寄稿などを考えてもらえばいい。また、企業内の研究論文はテーマがはじめから決まっていることが多い。

しかし、どんなに明確で絞り込まれたテーマでも、**書く人によって千差万別のアプローチが可能**なのが、論文なのである。与えられたテーマは、飾り、額縁であり、実質のテーマは書く本人が内容を展望、ないし展開することによって見いだすものである。その場合でも、かっちりしたテーマは、つねにとはいわないが、書くことによって明確になっていくことが多い。

したがって、どんな場合においても、**テーマは漠然としたもので始めていい**。否、漠然としたテーマで始まらざるをえない、というのが実際のところだろう。

3 入門書をのぞいてみよう

テーマが決まったら、まず**テーマ全体像を広く見渡せる地点に自分をおいてみよう**。テーマを解明できるような調査、研究ポイントを可能なかぎり多く見いだすためである。もちろん、それも暫定的なポイントでかまわない。これは論文を書く予備作業のさらに準備段階、とでもよんでいいものだ。

広く見渡せる展望台に立つためには、バランスのいい入門書があるといい。

バランスのいい入門書とは、「テーマ」に関する過去の理論的、技術的蓄積を総括、消化し、現在の問題を把握するための「出発点」を示すようなポイントを最小限盛り込んであるものだ。そのなかでもいちばん重要なのが、「テーマ」を究めるために最低限必要な基本文献や資料を示していることだ。ただし、そういう便利な入門書は稀である。各種出ている入門書には、あまり多くのものを期待しないほうがいいだろう。

しかし、入門書を何冊かのぞいてみるのは、決して無駄ではない。書店に行って、手にとってページをめくってみて、利用可能と思われるものを選んで買ってみるといい。たいていは、失望させられるが、それでいいのだ。間違ったポイント、要らざる論に陥らないための反面教師として役に立つこともあるのだから。

4 利用可能な知的財産を点検しよう

論文を書くための予備作業においてもっとも重要なのは、利用可能な現在の知的財産を見積もることである。

①「テーマ」についての**予備的知識**はどれくらいあるか

②「テーマ」に関する**利用可能な文献やデータ**をどれくらいもっているか

③論文を書くための（予備作業や準備段階を含めた）**時間と費用**はどれくらいあるか

④自分がもっている**パソコンの能力**はどれくらいか

一度でも論文を書いた経験のある人なら、②以外のことは考慮する必要はないだろう。おのずと計測可能である。

②はとても重要なポイントである。自分の書棚を端から端まで歩いてみて、また、パソコンのハードディスク、フロッピーの中身をあさってみて、書こうとするテーマに関連する文献やデータが一つもなかったら、ちょっと考え直してみたほうがいいかもしれない。

①の予備知識は、これから調査・研究するのだから、それほど多くは必要ないだろう。ただし、まったくない場合は、テーマに取り組む手がかりすらないということだから、かなり大変である。

①②がまったくなければ、予備作業に取りかかるのに、かなり時間がかかる、とあらかじめ覚悟したほうがいいだろう。

③の問題は想像以上に重要である。時間と資金があるかないかで、予備作業の進め方がまったく違うからだ。もちろん、時間も金もなくたって、論文を書くことは可能だ。生活時間を削って、時間を作り出す。文

献を買う金がなければ、図書館で借り出す。しかし、借り出すためには、そのための時間を捻出しなければならない。図書館の場合、通常は借り出す期限があるから、長く手元におこうとすれば、借り出しの反復作業に時間がとられる。そういったことを、すべて、あらかじめスケジュールの中に組み込んでおく必要がある。

④はもとより重要なポイントである。筆記道具としてパソコンを利用するだけでは、環境としては大変お粗末だ。たとえば、

◇各種辞典、百科事典等々、さまざまなデジタル・データを利用できない。

◇インターネットで、文献やデータを検索、収集できない。

◇メールで、他者と情報交換を自在にできない。

パソコンの能力が低いと、調査、研究、執筆のすべてにわたって、大きな不利益を被る、と私は声を大きくして言いたい。

分野を問わず、これだけはHD（ハードディスク）に常備したいという**デジタル版の事典・辞典類**を紹介しよう。

◇**百科事典**——小学館、平凡社のいずれか。内容は、論文作成という点でなら、断然、小学館のほうがいい。ただし、平凡社には世界・日本地図がある。これは便利である。

◇**国語辞典**——日本国語大辞典（小学館）、新明解国語辞典、広辞苑、日本大シソーラス類語検索大辞典（大修館）、全訳古語辞典（旺文社）

◇**外国語辞典**——新英和中辞典、新和英大辞典（研究社）、ランダムハウス英和辞典（小学館）、クラウン独和辞典、クラウン仏和辞典

◇**各種辞典**——新潮日本人名辞典（新潮社）、世界人名辞典（岩波書店）、模範六法（三省堂）、岩波電子総合年表（岩波書店）

本書はパソコン活用法を書くわけではないが、パソコンで論文を書く場合、ぜひすすめたいのは、以下のソフトの活用である。編集、検索、印刷、メールの機能が簡略化、高速化、効率化する。

◇一太郎のようなワープロソフトではなく、秀丸やＷＺのような**エディタソフトがおすすめ**である。エディタは文字修飾などの機能はないが、画面のスクロールが格段に速い。また、エディタを使えば、すべての文書はテキストデータとなるので、データによる原稿渡しやメール送付のさいに便利である。ただし私にとっては、漢字かな変換ソフトはＡＴＯＫ（一太郎）が使いよい。

◇**ファイル管理専用ソフト**を使う。私はＥｒＦｉｌｅｒ（エルファイラー）という二画面タイプを使っている。

　以上のような装備を活用すれば、パソコンで書く能力は飛躍的に向上する。

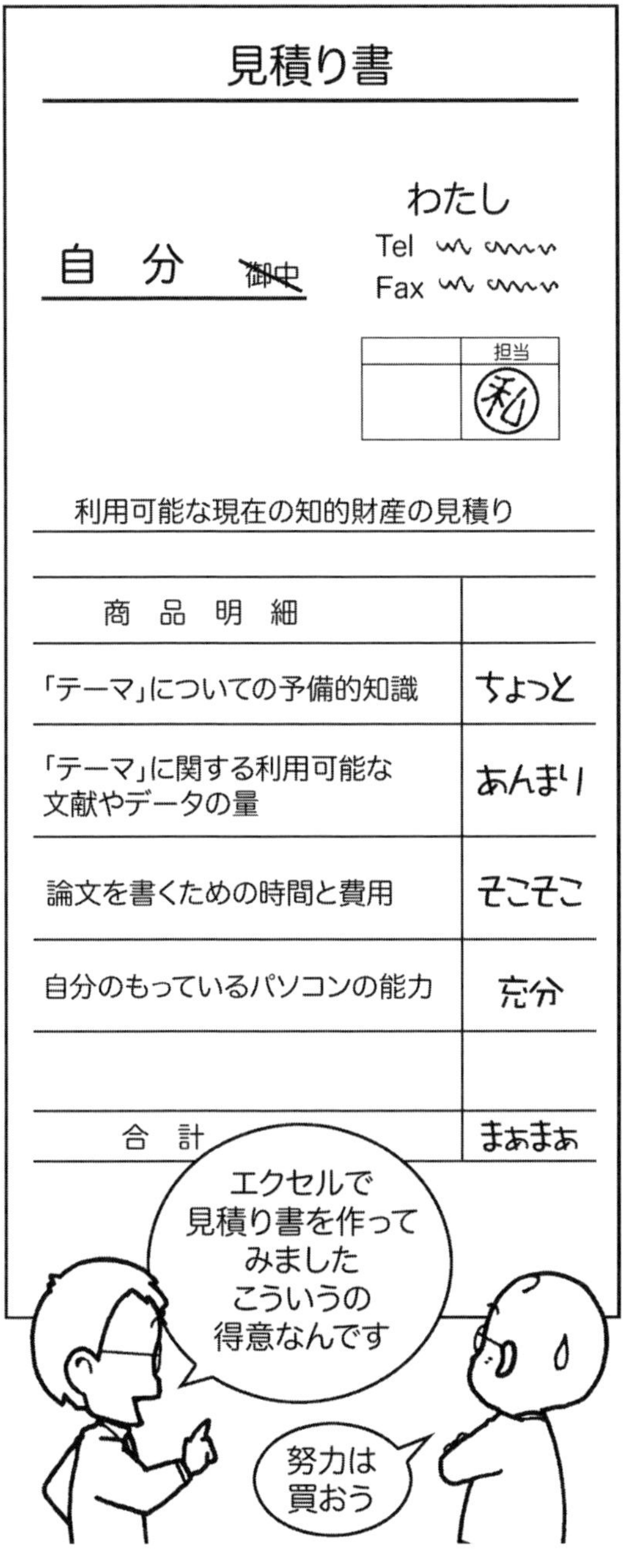

5 自分に合った「モデル」をもとう

まったく独創的な論文を書く場合にも、ある程度の書き方の型は必要である。書式というほどの型にはまったものではなくても、「モデル」をあらかじめ決めて、出発するのとしないのとでは、上達のほどがずいぶん違う。

よほどの天才でないかぎり、ものごとのトレーニングはすべて、基本形の反復練習から始まる。**手本（モデル）を型どおり「真似る」＝「学ぶ」**のである。そのトレーニングを積み上げて、はじめて自在に文章を操ることができる、と考えて欲しい。

論文のモデルとしてすすめることができないのは、小説類である。

司馬遼太郎の歴史小説が、他の小説家の文章と違って、どれほど評論調に見えたとしても、論文のモデルにはなりにくい。では、司馬のエッセイの類はどうか。いい意味で、達意過ぎるのである。私には好ましいが、明らかに癖が強すぎる。真似をしにくい。正しくは、癖だけが身につく結果になる。つまり、初級・中級教科書にはならないのである。

誰でも真似る＝学ぶことができるもの、それがモデル＝教科書に適したものだ。二つだけ実例を挙げてみよう。

手本①

第一は、**石橋湛山**（1884〜1973　戦前はジャーナリスト、戦後、政治家に転身。首相も務める）のエッセイである。文章に気概があって、気どりがない。テーマがはっきりしており、きちっとした論拠で問題の核心を見事にえぐりだす。いわゆる空理空論の類の対極にあり、読んだ読者を納得させる強さをもっている。

《朝鮮台湾樺太も棄てる覚悟をしろ、支那や、シベリヤに対する干渉は、勿論やめろ。これ実に対太平洋会議策の根本なりという、吾輩の議論に反対する者は、多分次の二点を挙げて来るだろうと思う。

（一）我が国はこれらの場所を、しっかりと抑えておかねば、経済的に、また国防的に自立することが出来ない。少なくとも、そを脅さるる虞《おそ》れがある。

（二）列強はいずれも海外に広大な殖民地を有しておる。しからざれば米国の如くその国自らが広大である。而して彼らはその広大にして天産豊かなる土地に障壁を設けて、他国民の入るを許さない。この事実の前に立って、日本に独り、海外の領土または勢力範囲を棄てよと言うは不公平である。

吾輩は、この二つの駁論に対しては、次の如く答える。第一点は、幻想である、第二点は小欲に囚えられ、大欲を遂ぐるの途を知らざるものであると。

第一点より論ぜん。朝鮮台湾樺太ないし満州を抑えておくこと。また支那シベリヤに干渉することは、果してしかく我が国に利益であるか。利益の意味は、経済上と軍事上との二つに分れる。まず経済上より見るに、けだしこれらの土地が、我が国に幾許《いくばく》の経済的利益を与えておるかは、貿易の数字で調べるが、一番の早道である。今試みに大正九年の貿易を見るに、我が内地および樺太に対して

	移出	移入	計
朝鮮	一六九、三八一千円	一四三、一一二千円	三一二、四九三千円
台湾	一八〇、八一六	一一二、〇四一	二九二、八五七
関東州	一九六、八六三	一一三、六八六	三一〇、五四九
計	五四七、〇六〇	三六八、八三九	九一五、八九九

（備考）朝鮮および台湾の分は各同地の総督府の調査、関東州の分は本邦貿易月表による。

であって、この三地を合せて、昨年、我が国はわずかに九億余円の商売をしたに過ぎない。同年、米国に対しては輸出入合計十四億三千八百万円、インドに対しては五億八千七百万円、また英国に対してさえ三億三千万円の商売をした。朝鮮、台湾、関東州のいずれの一地を取って見ても、我がこれに対する商売は、英国に対する商売にさえ及ばぬのである。米国に対する商売に至っては、朝鮮、台湾、関東州の三地に対する商売を合せたよりもなお五億二千余万円多いのである。すなわち貿易上の数字で見る限り、米国は、朝鮮台湾関東州を合せたよりも、我に対して、一層大なる

経済的利益関係を有し、インド、英国は、それぞれ、朝鮮台湾関東州の一地ないし二地に匹敵しもしくはそれに勝る経済的利益関係を、我と結んでおるのである。もし経済的自立ということを言うならば、米国こそ、インドこそ、英国こそ、我が経済的自立に欠くべからざる国と言わねばならない。〔以下略〕》（「大日本主義の幻想」大正一〇年七月三〇日・八月六日・一三日号『東洋経済新報』「社説」表記は適宜改めた）

①主張の提示
②反対論の提示
③反対論にたいする批判点とその論拠としかるべきデータ
④自説の積極的、具体的論点の明示

どれも明確で、簡潔である。

文章は、時代が時代だから、一見して、古くさく感じられるかもしれない。しかし、読むと、すぐ慣れる。できれば、自分で現代語訳してみるといい。

石橋の文章は、**『石橋湛山評論集』**（岩波文庫）で読めるが、**『石橋湛山著作集』**（東洋経済新報社・全四巻）くらいはそろえて、読んでみることをおすすめする。

手本②

第二は、**渡部昇一**（1930〜　英語学）の少し長めのエッセイである。発想（テーマ）が新鮮である。文章にてらいがなく、自分のいいたいことを、太い線で述べることに長けている。内外の古典類にも造詣が深く、教えられるところが多い。もちろん、一読して、主張と論拠がすっと理解できる。

《「ブリタニカを持ちたい」と思いながらなかなか買わなかったのは、素朴な進化論に憑かれていたからであると思う。大学院生の時に、アメリカから上智に研究に来ていたアメリカ人学者の手伝いをしていたことがあった。この人がブリタニカで調べて見たいことがある、というので上智の図書館に行った。そしたら古色蒼然たるブリタニカしかなかった。今から考えるとそれは第九版で、貴重な版だったと思うのであるが、そのアメリカ人はいかにも愉快そうに笑い出して、

「これは博物館ものだね」

と言って使わなかった。十九世紀末の百科事典を二十世紀半ばの研究者が使えるものか、ということだったのであろう。十九世紀の百科事典しかない貧しい日本の大学図書館に対する優越感は、彼をひどく上機嫌にしたようであった。

学問は日進月歩で、しかも進歩の速度はますます速くなっていると思われる時に、前世紀の百科事典では問題にならないのが当然だ。百科事典は新しいほどよいのである、というありふれた常識がこの小さい出来事によって私の頭の中で更に固められた。

しかしいろいろなことを調べているうちにあたりまえすぎることに気がついてきた。それは百科事典というものの巻数は、学問が進むにつれて増加しないということである。たとえばブリタニカ第十版は一巻あたり約九〇〇ページで実に三十六巻ある。約三二、五〇〇ページということになる。これが戦後もっとも普及した一九六〇年前後の版では、一巻あたり約一、〇〇〇ページで二十三巻あるから、総ページ数では約二三、〇〇〇ページということになる。つまり半世紀以上も前の版の方が、約一〇、〇〇〇ページも多いのだ。一万ページとは実にただならぬページ数である。しかもブリタニカは大判だから、普通の本ならざっと二万ページ分の違いになる。中央公論社の『世界の名著』の平均ページ数を約五五〇ページとすると、実に十八巻分になるのだ。約十八巻の記述がどこかに消えてしまったのである。

更によく考えて見れば、新しい百科事典には、新しい自然科学上の記述がうんと多い。つまり半世紀前にもなかった事項が山ほどあるのだ。それなのに一万ページも減っているということはどういうことなのか。それはほかでもない、昔は詳しく書かれていた事項が、思い切って削除されたことにほかならない。ページの絶対数が少なくなった上に、新しい科学や工学や医学などの記述が増えたのだから、ブリタニカ第十版から消えた記述の量は、中央公論社の『世界の名著』の五十巻分ぐらいはあると考えてもよいのではないかと思われるのである。[以下略]》(『新常識主義のすすめ』(文春文庫)「百科事典の旧版について」)

内容についての説明はとくに不要だろう。論の道筋を素直にたどれば、著者の主張は掌《たなごころ》を指すように明らかになる。

①学問は進歩する、という素朴進化論（常識という偏見）にとらわれていた

②百科事典の古い版のほうが巻数も、ページ数も多いという事実に気づく

③新版で、旧版から消された記述は膨大な量にのぼる

④中略以下、旧版から消された記述の重要性について述べ、古いことを調べるためには、旧版こそが必要なことを確認する

『新常識主義のすすめ』は、現在、品切れである。しかし、渡部の文章は容易に手に入る。ただし、文章の手本としては、語り下ろしのものは避けたほうがいいだろう。

モデルを決める場合に重要なのは、読んでみて、すっと、テーマ、展開、結論のさまが手に取るようにわかる文章の書き手を、自分で発見することである。どんなに名文でも、気持ちよく読み切ることができないものは、敬遠したほうがいい。これが文章の「生理」あるいは「相性」ということである。

6 学術論文とジャーナル論文のちがい

論文は、学術的なものなのか、ジャーナル的なものなのか、によって**約束事**が異なる。

(1)**学術論文**は、その専門世界で了解可能な「パラダイム」（理論枠組）や「**ジャーゴン**」（**専門用語**）で組み立てられる。

たとえば、私がカント哲学を学術論文で論じるさい、何の断りもなしに、「超越論的統覚」という用語（ターム）を使ってもかまわない。というより、使わなければ、意味を限定できず、専門家に通用しなくなる。

しかし、私が新聞紙上で、何の断りもなく「超越論的統覚」を使うと、「これなに?」という非難を投げつけられる。それに対して、「無知は許せない」といっても駄目である。ジャーナル文では、「ジャーゴン」は「わけのわからない言葉」として、極力使わないというのが約束だからだ。

もちろん、ジャーゴンを使用しない学術論文も可能である。既存のパラダイムにとらわれない、むしろ、パラダイムを打破する学術論文だってありうる。ヴィトゲンシュタインの諸論文など、真に創造的な論文は、そういう形式をもつものが多い。梅棹忠夫の論文の多くも同じといっていい。

反対に、専門用語を簡潔に解説しながら、ジャーナル論文を書くこともできる。

現代において、**もっと重要なのは、学会《アカデミズム》と論壇《ジャーナリズム》の相互交流、相互錬磨**である。それは、学術的成果を大衆に普及し、また、大衆知を学術的に再構成する営みであるからだ。

たとえば、科学技術の分野では、開発された最先端の技術が、応用化・ビジネス化されていく速度はどんどん速くなっている。それにともなって、最先端の学術上の成果を、広大な市場をもつビジネス界で通用する言葉と論で組み立て、解説、啓蒙するビジネス論文（ジャーナル論文）はますます必要になっている。その書き手として代表的存在は、『脳死』（中公文庫）などの作品がある、立花隆だろう。

この観点からすれば、ジャーナル論文の一種とみなすことができる、パソコンとその関連ソフトの大部分の「手引き《マニュアル》」に「ジャーゴン」が氾濫していることは看過できない。手引きを最も必要とする初心者にとってわけのわからないものになっているからだ。

⑵学術論文におけるもう一つの約束事は、参考文献やデータの典拠（オーソリティ）を明らかにする義務があることだ。簡単にいえば、**「引用」「参照」を注記する必要**があるのだ。それをしないで、あたかも自説のように書くと、剽窃、盗作とみなされ、学会（アカデミズム）から追放されることもある。

一方、ジャーナル論文においては、「引用」を注記する義務はない。普通のジャーナル論文は、引用符があるなしにかかわらず、また、文章の問題だけでなくアイデアという点でも、他人が書いたものの引用、コピーでできあがっていることが多い。しかし、特別の場合をのぞいて、この人がこういった、あの本にこうある、このデータによるとこうだ、それを私は引用した、とわざわざ断らなくとも（いちおうは）かまわない、という約束になっている。

(3)学術論文とジャーナル論文の違いをもう二点挙げよう。

一点目は、学術論文においてもっとも重要視されるのは、**オリジナリティ（独創性）**である。対して、ジャーナル論文は独創性をかならずしも要求されない。しかし、学術論文（と称されているもの）にオリジナリティがあるかというと、ほとんど稀なのである。これが現状だ。

二点目は、**発表する媒体（メディア）の違い**である。逆にいうと、学術論文であるか、ジャーナル論文であるかは、通常は、内容の違いというより、発表する媒体（メディア）の違いによって決まるという面がある。

学術論文を発表する学術雑誌には、通常は、レフリー（referee　レフェリー）制があり、掲載の可否を「学術水準」で判定する機関（編集委員会）がある。米国では、万事につけ数値化が可能な客観的評価が重視されるが、学術論文も同様である。他の論文に何度リファー（参照）されたか、がその論文評価の重要なポイントになっている。

ジャーナル論文を発表する雑誌には編集部があり、掲載の可否を決定する「編集方針」もしくは「社是」がある。

こう見ると、学術水準と雑誌の編集方針とは、ひどく違うように思えるだろう。しかし、**実態は、両基準とも可変的・恣意的**であることを免れず、違いはそれほど大きくない。たとえば、『ネーチャー』『サイエンス』は世界的に権威ある自然科学の学術雑誌だが、そのレフェリーはかならずしも客観的ではない。

最近の好例は、ヘンドリック・シェーン（1970〜）の件だ。彼はベル研究所の時代、有機物における超伝導転移温度の低温記録を大幅に塗り替え、分子程度の大きさのトランジスタを作成した等の論文を、両雑誌につぎつぎと発表し、2002年に「傑出した若手研究者のための材料科学技術学会賞」を受賞し、「超電導の分野でノーベル賞に最も近い」といわれた。しかし、直後、それらがすべて捏造であることが判明する。シェーンは物理学会から追放されたが、シェーンの論文を評価し載せた学術雑誌とそのレフェリーたちの責任も重大である。こういう例はかならずしも稀ではないのだ。

7 論文のサイズを決める

論文を書く場合、とても重要なのが、サイズである。

私は大学で「デカルトの『方法叙説』を読んで、最重要と思われる箇所を取り上げ、原稿用紙一枚（四〇〇字）で解説せよ」という課題を出すことにしていた。

熱心な学生は、一枚では書ききれない、という。そこで私が、じゃあ五枚ではどうか、というと、他の学生が、そんなに書くことはない、という。

それでは何枚がいいか、と尋ねる。好きな枚数で書けばいいじゃないか、というのが大部分の学生の意見である。

学生の希望を入れて、一度、自由枚数にしたことがある。ところが、どれもこれも、ひっちゃかめっちゃか、まとまりのないレポートばかりになった。

決まった枚数・字数で論文を書く、というと窮屈そうに聞こえる。しかし、枚数が決まっているからこそ、きちんとしたものを書けるのである。

多くの人は、書きたいテーマを、心おきなく書くことができたら、どんなにいいだろう、どんなにいいものができるだろう、と考えるかもしれない。しかし、逆なのだ。

サイズが決まっているから（こそ）、まとまりのある文章を書くことができるのである。人間の精神活動とはそういうものだ。

後に詳しく述べるように、どんなに長い文章も、言葉の連なりであり、短文の連なりである。私は、論文は短ければ短いほどいい、と考えている。学術論文だって同じである。ところが、短いと有難味がなくなると思うのか、原稿料が少なくなるのを嫌うからか、学術世界では、とにかく長ったらしい論文がまかり通っている。とくに、欧米の論文や著書が読みづらいのは、訳文の関係もあるが、多くの場合、**長すぎて冗長**であることに原因がある。

文章の命は短文だ。サイズのある短文が集まって論文になる。**短文一つひとつに「テーマ」がある。コンセプトがある。**サイズのある短文を心がけよ、と強く念を押したい。

もちろん、長くても読みやすく、主張や論拠がくっきりと読む側の頭に入ってくるものがある。しかし、子細に見れば、ほどよい長さの論文が数本つながった形のものだということがわかるだろう。そうであれば、どんなに長大でも、冗長感がわかないのである。

どんなサイズの論文でも書けるようになるための秘密は、サイズの決まった、それも一つひとつにテーマがあり、コンセプトがある短文を自在に書けることにある。二〇〇字、あるいは八〇〇字の短文を自在に書くことができれば、四〇〇枚であろうと、二〇〇〇枚であろうと、平気である。短文で書く論文の書き方は、本書のキイポイントである、と断じたい最大理由だ。

清水幾太郎は「短文から始めよう」といった。私なら、「短文に始まって、短文に終わろう。」といってみたい。

8 論文の締め切りを決める

サイズとともに重要なのは、書き上げる締め切りを決めることである。人生に終わりがある、若さにも終わりがある。だから、その時々で（時々刻々に）努力をしよう、気張ろう、という気になるのである。**締め切りのない仕事は**、結局のところ、**仕事にならない**のだ。

プロの書き手は、締め切りとサイズで書く。これを逆転していえば、締め切りとサイズのある文章を書くことが、プロになった証である。この点、ビジネスマンは、つねに期限決めで仕事をしなければならないから、論文を書くという点で、学生や主婦などよりはいくぶん有利な位置にある、といえるかもしれない。

だから、締め切りのない仕事でも、自分で締め切りを決めるのがよい。論文も同じである。私はこの原稿を、（旧版では）一九九八年一二月二一日に書き始めたが、三一日までに書き上げるつもりでいる。時節柄、忘年会の予定も二、三入っているから、正直いってちょっとキツイ。でも、まず、自分で設定した「締め切り前」には終わるだろう、と踏んでいる。

ただし、私が、三一日に仕事を終えたとしても、出版社は休みだから、送った原稿は正月中は、眠ったままである。でも、私には次の仕事が待っているから、それに早く着手するためにも、自分のための締め切りが必要なのだ。

締め切りに追われてあくせくするのは嫌だ、と考える人も多いだろう。それは確かにそうである。しかし、ここでは発想を転換してみよう。

歴史作家の**吉村昭は締め切り前に原稿を送るので有名**である。その彼があるエッセイでこんなことを書いていた。

締め切り前に原稿を送ると、編集者はもちろん助かるだろう。と同時に、やすやすと書けてしまった、という印象を与えて、作品が軽く見られてしまう恐れもある。それでも、自分は締め切りめがけて仕事をする。それで、かならず、締め切り前にできあがる、と。

締め切りに追われるのも、締め切りを追うのも、結局は同じことかもしれない。しかし、姿勢が違う。気分が違う。私も、吉村式を実行している。追うほうが、もちろん気分はいい。

誰が決めた締め切りであっても、締め切りには拘束力がある。締め切り間近になって、ばたばたするのは、確かに苦しい。しかし、どんなに苦しさがあろうと、論文はまがりなりにも仕上がるのである。

期限内に仕上がらなかった作品は、永遠に仕上がらないことが多い。いつか、きっと、次の段階に、というと、材料が腐るばかりでなく、意気込みが消えてしまうからである。だから、締め切りのない仕事でも、自分で締め切りを決め、なんとか期限内に仕上げていくことをめざしてほしい。

そして締め切りの決め方であるが、**期限的には、ちょっと厳しいかな、と思える程度がいい**。時間に余裕がありすぎると、ずるずると作業を引き延ばして、逆に時間が足りなくなる、ということが多いのだ。締め切りを先延ばしに設定して、暇な時間ができたらこの仕事をしようと考えても、実際には暇になることは稀だ。したがって仕事も仕上がらない。仕事は忙しくてもこなしうる。むしろ、忙しいときにこそ、こなすことができると心得るべきだろう。

優れた物書きの年譜を見るといい。ある時期、突然、書く量が増え、そのまま旺盛な生産活動が続く、という例に出会う。

例えば、谷沢永一（1930〜2011）である。一九七五年、四六歳の時から、それまでの三倍増の量産物書きになった。持病の「鬱」で落ち込むという例外の時期はあったが、それ以降量産がつねに右肩あがりで経緯したのだ。

締め切りも
文章の長さも
ここまでね
文章の長さ
締め切りの期限
え〜え？
ボクの壮大な
計画が・・・

第2章

論文のカギをにぎる準備

書き始めるまでにおこなう必須の準備。これができれば書ける自信がわいてくる

準備したものは決して無駄にならない

論文を書き上げるまでの一連の過程において、実際に書く＝執筆する（ライティング）作業がもっとも重要であることはいうまでもない。しかし、徒手空拳《としゅくうけん》では論文は書けない。したがって書くための準備が必要になるのである。

論文を量産している人がいる。もちろん、中には、リピートのようなものを書いて、お茶を濁す人もいるが、量産できるのは、それにかなうだけの、前もっての蓄積がある、と考えるべきだろう。

最初の論文を書き上げるのに、準備段階から含めて、六カ月かかったとすると、同じ分量で主題が共通する続編の論文は、最初のほぼ半分で仕上がる、と考えてもいいだろう。ライティングのスピードが同じだとしても、準備段階に要する労力が減るからである。

たとえば、文献である。最初の論文のために五〇冊集めたとすると、第二論文のための準備は、その五〇冊からはじまることになる。すでに必要なものとそうでないものとが取捨選択されているから、新たに追加しなければならない文献をのぞけば、再度読まなければならない文献の数はかなり少なくてすむ。

そうはいっても、論文を書くにあたっては、たとえ**続編であっても、最初の論文と同様にまったく新しいスタートラインから出発する、という態度が望ましい。**論文を書く以上、必ず、新しい論点、視角、叙述を盛り込む、という心意気で取りかかるべきである。ま

してや、まったく新しいテーマとなれば、どんなに論文を書きなれた人であっても、緊張して当然だ。一回、一回、全力を尽くして書くことが何よりも大切なのである。

ここで、ぜひ心に留めておきたい点を指摘しておこう。

どんな短い文章を書く場合も、長大論文を書く場合も、**その時可能な、最大限の準備をすることが重要だ**、ということである。

学生やビジネスマンの書いたものを読むと、多くは、一見して、情報（とくに文献資料）収集という準備に時間も労力もかけていないことが、わかるものが多い。たしかに、準備に力を尽くしたからといって、いい論文が書ける、という保証にはならない。だが、毎回、毎回、極力準備に力を尽くすと、それが直接そのときの論文に活用されなくとも、有形無形に、書き手に蓄積されてゆく。蓄積されたものは、血肉となり、いつかかならず優れた論文として実る。これが常則なのだ。

社会主義ソ連が崩壊したとき（一九九〇年前後）、私の書庫の専門書の八割はマルクス主義関係のものだった、といっていい。それらは二度と利用されない類のものになった、とそのときは観念した。事実、そうなった。しかし、私がそれらの文献からえた知識や考え方まで活用不要のものになったか、というと、そうではなかった。間違った知見や考え方でも、それが新しい光に照らし出されると、あるいは反面教師として、あるいは再生された概念となって、現実を理解する「鍵」になることもある。その後、マルクス主義に学んだことで「恩恵」をうけたとよんでいい「経験」を数知れずしてきた、と私は思っている。

だから、いちばんよくないのは、可能な努力や蓄積を怠って、その場限りの引用やコピーですませ、イージーゴーイングで論文を書こうとすることだ。あるいは、自説が現実によって否定されたとき、自説の誤りを訂正する努力を怠り、逆に、現実が間違っている、と呪い続けて、なんら生産的な活動をしないことだ。

1 資料をどう集めるか
──いいネタが集まれば、いい論文が書ける

準備過程で、最も重要なのは、資料を集めることだ。

「文献」(literature　研究資料としての書物や文書)と「資料」(materials　研究のための基礎材料)を分ける人がいる。分ける根拠もある。しかし、私は、文献も資料に含めたほうがいい、と考える。文献も、参照されるという点でいえば、論文を書くための基礎資料に他ならないからだ。

ただし、文献は、論文を書く場合、つねに最上部類の資料であることに変わりはない。

学術論文とジャーナル論文の間に、資料集めにおける本質的な差はない。しかし、学術論文の場合、資料収集に手抜きがあったら、もうそれだけで論文の価値が半減する、といっていいだろう。ジャーナル論文の場合は、文献収集が特別厳密でなくとも、許される傾向にある。

だがジャーナル論文でも、**立花隆**のような例もある。立花の**『日本共産党の研究』**(文藝春秋)は、類書のおよびえない材料・文献収集をおこなって見事な作品である。

立花隆は、自分が価値を認め、依拠する最新の情報や、誰にも知られていない情報は、本(文献)の中にはない、と豪語している。立花のいうことの半分は真実だ。しかし、立花を真似てもらっては困る。たしかに、関連文献のない、まだ本にまとめられるまでに至っていない、まったく新奇の研究領域が存在する。立花隆が自らのフィールドとするのは、まさにそんな領域のことである。だが、ある情報が既存の文献にない、ということは、関連の文献を精査した上でないとわからないことなのだ。

よく、これは私のオリジナルな意見だ、と断言する人がいる。すごいなと思うが、決して感心はしない。勇気ある発言、それも実のところかなり蛮勇に近い、と思ってきた。

オリジナルとは、なかなかにやっかいなものである。歴史上はじめての独創的な意見だ、というためには、歴史上、同種の意見がいまだかって存在したことがな

い、ということを明らかにしてはじめて言えることなのだ。そのためにも関連文献の研究・精査が必要なのだ。たんなる独りよがりではなく、本当に独創的な意見なのかどうかは、関連文献の歴史的検証を経ているかどうかで、わかることなのだ。

　私が知っている独創的な思考者の最たる人が**梅棹忠夫**である。梅棹は、三つの分野で**独創的な理論デザイン**を発見し、一つの分野で**オリジナルな技術**を体系づけた。

①遊牧起源論
②文明の生態史観
③情報産業論
④知的生産の技術論

の四つである。しかし、梅棹のオリジナルな概念が関連分野で市民権をえるためには、短いものでも四半世紀はかかったのである。そして面白いことに、市民権をえてしまうと、遊牧起源論や情報産業論のように、梅棹のオリジナリティが忘れ去られ、「常識《あたりまえ》」の類になってしまう。

　資料収集の話に戻れば、文献がいちばん重要だからといって、資料として特権的な座を占める、ということではない。資料の価値は、あくまでも内容で決まる。

　資料収集においてもっとも注意し、避けなければならないのは、自分の論文のテーマや論拠に都合のいいものばかりを集めるという、効率主義的な収集方法をとることだ。逆に、**意識的にしなければならないのは、自説に対する強力な反論となりうる主張やデータを集め、あらかじめ検証する**ことである。

　第1章でも述べた通り、自説に都合のいい材料だけで構築された議論は脆く、反駁に対応することができないのだ。

「聞き取り」で注意すべきこと

既知のテーマであれ、まったく未知のテーマであれ、論文作成の最初のとっかかりは、たいていの場合、ヒアリングから始まる。

　文献を集めるにしても、実験、フィールド・ワーク、いずれにおいても、**「耳学問」からはいる**のが普通だろう。

最近の学生はまったく勉強をしない、といわれる。そのまったく勉強しない学生でも、講義に出たり演習に参加していれば、主として教師から、従として仲間の学生から、意識するしないにかかわらず、知識や技術を「耳学問」している。

また、ターム・ペーパー（レポート）を書くための文献調べの方法も、大学の図書館などで耳学問する。

事情はビジネスでも同じである。同僚から、場合によっては競争相手から、知識や情報を耳学問する。

もちろん、積極的な情報収集を行なうための、本格的なヒアリングもある。この場合、**注意すべき大事な点**がある。次の二点はワンセットにして覚えておいてほしい。

①専門分野の人にヒアリングを行なう場合、アポイントメントを取るのは当然として、まったく**事前調査のないままおもむいてはいけない**。

②事前でも、事後でもいいから、有意義な情報を得た場合は、それなりの**謝礼をする**。

①について——何ごとかを聞く（質問する）場合、質問相手に関して、さらに、質問事項に関して、あるていどの前提知識がなければ、大したことを聞き取ることはできない。ヒアリングで収穫がないというとき、相手のせいであるよりは、当人の準備不足のためである、という場合がほとんどなのだ。

②について——情報はただではない。重要な情報をたくさんもっている情報通は、自らもつねに情報を発している。情報はギブ・アンド・テイク、物々交換の関係にある。したがって、情報を一方的にえようとする場合、対価を支払うのは当然である。もしただ聞きをした場合、その人のもとに、二度、三度と聞きにいくことは叶わなくなる、と考えてよい。

私はあるとき、まったく未知の婦人に、「哲学とはなにか」と聞かれたことがある。「私の『哲学がわかる事典』を読んで下さい」と答えた。するとその婦人は、いますぐ簡単に答えられないのか、ケチ、という顔をした。ケチなのは私ではない、そのご婦人のほうなのだ。

ヒアリングは、「耳学問」レベルでも、いわゆる取材のような本格的な場合も、簡便な資料収集の方法である。しかし、便利さに身を一方的に寄せてしまうと、まともな資料、情報から遮断される原因ともなる。要注意だ。

文献——精神的なケチはNG

文献をどう集めるか、ということは大した問題ではない。テーマに関する必読文献は、知識が深まってゆくにしたがって、おのずとわかってくる。文献を集めるに際してもっとも重要な問題は、**精神的なケチか、そうでないか**の問題である。実例を示そう。

これは伝聞であるが、**司馬遼太郎**は、『竜馬がゆく』を書くために、全国の古書店から竜馬関係の文献をざらいしたという。大型トラック一杯の文献資料が届けられ、それを片っ端から手にとって、これは必要、これは不必要と選り分ける。不要の文献は、ふたたびトラックで運び出され、しかるべき古書店の手に渡る。

司馬式では、古書の購入費は莫大な額になる。しかも、買値の半額以下で、大部分はすぐに売却されるのである。しかし、このやり方が、もっとも迅速で、効果的な文献収集方法だと、私は考える。

こんな荒技は誰にでもできるわけではないが、「精神」だけは学びたい。真似したいものだ。手始めに、書店の棚にならんだ関連文献を手に取り、これは、と思えるものを一〇冊ぐらい購入してみよう。そのぐらいなら、誰にでもできるのではないだろうか。その中から、一、二冊、利用可能な文献が現れたら、しめたものだ。

もう一つ例を挙げてみる。『**学者商売**』（中央公論社1960年）というユニークな本を書いたロシア経済学の**野々村一雄**（1913〜98）は、外国の文献を集める場合、まず日本で水準あるいは評価の高い文献を参照することからはじめる、と言う。水準をいく自国文献は、いい外国文献を参照しているからだ。これは卓見である。

外国の文献は、どれほどの水準をいっている文献なのかは、判断がつくまでにどうしても時間がかかる。ときに参照文献を自国では参観不能な外国文献でかためている論文に出会うことがある。それが必要な分野もあることは認めるが、ほとんどの場合、知的虚仮威《こけおどし》にすぎないといってよいのだ。外国語で読む文献は可能なかぎり、省エネ（必要最小限度）でいきたいものだ。

本書の冒頭で、文献も資料だ、と述べた。その真意は、**文献は自分で買うことを原則とすべし**、ということだ。これは論文を書く達人たちの共通意見である。

文献とは、読み、参照するためのものである。図書館で借りたものなら、線は引けない。付箋を貼ることはできない。何よりも、必要なそのとき、参照できない。その上で、借りたものを利用する場合、必要箇所をコピーして、保存しなければならない。これはかなり面倒な作業だ。現物が自分のものなら、資料として存分に何度でも使うことが可能だ。

とくに**基本文献の場合**、論文を書いている間だけでなく、書いた後にも、否、**書いた後にこそ、繰り返し参照することが多い**ので、手元にないと難儀することになる。私の経験則でいえば、基本文献というのは、さまざまな分野にわたって、横断的に利用可能だから、自分でもっていることを強くおすすめする。

必要文献ではあるが、貴重で高価で入手困難な本をどうするか。大学や公立図書館では、文献検索のインターネットサービスをしている。そこで捜して、借りるか、コピーサービスを受ける他ない。

私は、文献に関するプロである書誌学者と仲良しになることを勧めたい。彼に頼めば、必要な文献は矢のような速さで手にはいる。便利なだけでなく、研究上ほしいものがすぐ手にはいるというのは、精神衛生上、とてもいい。もちろんこういう人をタダで煩わせてはいけない。

文献収集とは、基本的に、「費用」と「時間」との問題である、と了解されたい。

実験――幅広く多様な方法

実験（experiment）とは、**実験室**（laboratory）**で資料収集をおこなうことで、文科でも理科でも、本質的には同じ**である。

たとえば、大学の研究室でおこなわれるゼミナールは、私にとって研究資料をうるための立派な実験場であった。正確にいえば、研究室で演じられるさまざまな知的・人間的ドラマは、私の知的能力の開発（あるいは阻止）の場であったと同時に、私の「研究」対象でもあった。「研究室」を「実験室」とみなす視点から、私の『**大学教授になる方法**』（正・続　ＰＨＰ文庫）は生まれた。

ある対象を、一つの限定された条件下で実験的に観察する方法を、私は、私が学んだ研究室（倫理学研究室）で演習のテキストに用いたヒュームを通して学んだ。ヒュームの主著『人間本性論』は「実験的論究方法」によった、と記されている。これは、通常考えられているような、**仮説的理論が一定の条件下で有効かどうかを試してみる**、という実験的方法とはかなり異なるが、経験則を大切にして観察するという点で、実験とみなしていいだろう。

「実験室」で実験的論究方法でえられる資料は、一般に考えられているより幅広く多様で、貴重なのではないだろうか。

戦後、大陸で動物観察のフィールドワークができなくなった**梅棹忠夫**は、実験室で、オタマジャクシの行動を観察し、その群の構造を数理的に表現する方法を案出した。梅棹がいうところの数理生態学の研究である。梅棹は、この研究ペーパーを博士論文にした。ただし、この成果は、生態学のフィールドワークとなんの関連もないまま終わったそうだ。詳しくは、『梅棹忠夫著作集』（中央公論社）第3巻を参照されたい。

河合雅雄（１９２４〜２００７）に代表される京都大学のサル学は、フィールドワーク（野外実験室での研究）を主体とする動物社会学である。これに対して、大阪大学のサル学は、実験室での研究を主体とした、行動心理学だ。いずれも、実験室で実験的論究方法によるデータ収集が基本である。この場合、「実験」は自然科学系の「実験」とほぼ同義である。

また、学生の読書傾向調査とか、消費者の購買意識調査、選挙民の投票動向調査は、フィールドワークというよりは、実験である、というのが私の意見である。実験（調査）のためのフォーマット（質問条項）が、事前に決まっており、実験室（密室）状態が前提されているからだ。

フィールドワーク――参考になる本は

フィールドワークとは、研究室や実験室を出て、**研究対象になっている地域や社会へ研究者自身がおもむいて、調査をおこなうこと**である。したがって、フィールドワークによる資料収集の領域は、非常に広い。

文化人類学の山口昌男（1931～2013）が、実地に、あるいは古書目録を通して、ブックハンティングするさまを実見すると、これはもう立派なフィールドワークだ、と思わざるをえない。書物の渉猟《しょうりょう》自体が、一個の文化的活動、探求になっている。

フィールドワークという視点から、書物探検、人間探検、日本探検、世界探検を意識的・系統的に追求したのは、文化人類学の**梅棹忠夫**である。いうところの学術探検である。たまらなく好きな言葉がある。

《なにもしらないことはいいことだ。自分の足であるき、自分の目でみて、その経験から、自由にかんがえを発展させることができるからだ。知識は、あるきながらかんがえられる。あるきながら本をよみ、よみながらかんがえ、かんがえながらあるく。これは、いちばんよい勉強の方法だと、わたしはかんがえている。》（梅棹忠夫『日本探検』中央公論社、著作集第7巻。なお、表記は適宜改めた）

梅棹は天性のフィールドワーカーである。その知的威力は、著作目録と著作集、知的・人的組織力（国立民族学博物館）、**『日本探検』『モゴール探検』**等から存分に学ぶことができる。

フィールドワークは、あらゆる領域にわたる、あらゆる手法が可能な、魑魅魍魎のすむ世界への、知的冒険である。この世界に触れることなくして、生きる甲斐が大いに減じる、といってもいいだろう。

私は、**開高健**の**『紙の中の戦争』『人とこの世界』『ずばり東京』『オーパ！』**によって、フィールドワークの快楽と「技術」を楽しく学んだ。読者にも開高との邂逅《かいこう》をおすすめする。血・知《ち》・痴・霊が騒ぐこと必定だ。

取材によってレポートを書くという、ルポルタージュと呼ばれてきた報道手法も、広くいえば、フィールドワークの一分野に入れてもいいのではないだろうか。

先にも挙げた**立花隆**がこの分野の代表選手であろう。その**『僕はこんな本を読んできた』**（講談社　1993年）は単なる読書論というより、情報収集の技術論、といったほうがいい。

また、**日垣隆『情報の技術』**（朝日新聞社　1997年）を一読することをすすめたい。ここではさまざまな形の情報収集の技術が、実地取材との連関で取り上げられている。たとえば、カーナビ技術と湾岸戦争、電脳書斎、ＤＮＡ捜査（の落とし穴）、長期予報（はあたらない）等々、ハイテク技術を駆使しながら、ハイテク技術を過信しない「情報の技術」のあり方を追求していて、大変興味深い。

発掘——多様なスタイルがある

発掘とは、一般には、**考古学的手法による資料収集**を指す。

縄文土器を掘り出す場合も、古家を取り壊して、偶然、土器を見つける場合も、発掘には違いない。しかし、人材の発掘のように「知られざるもの（マテリアル）を発見すること」と広くとらえれば、発掘は、論文作成においてこそ貴重な資料収集の手法とみなすことができる。**どのようなスタイルの発掘がありえるか、**いくつかポイントを挙げてみよう。

(1)まず、**まったく新しい、未発見の資料（もの）を見いだす**。発見というアクションだけで、「業績」がつく。めったにないことであるが、こういう僥倖もある。しかし、未知の発見をもとに論文を書くなどというのは、本書の主題ではない。さらにこのような形の「発掘」には、常に誤認と贋作というリスクがついてまわる、ということを知っておいてほしい。

(2)**資料に新しい光（解釈）を与えて、新しい意味を発見する**。これが研究・調査における発掘の本来の意味である。これをわざわざ「知の考古学」（ミシェル・フーコー）などと呼ぶ人もいるが、特別のことではない。

研究・調査とは、広い意味でいえば、資料から新しい「意味」や「要素」を見いだす知的活動である。この意味でいえば、研究対象や研究資料はあまねく知られたものであっても少しも構わないということになる。

(3)哲学は古色蒼然たるものだからといえばそれまでだが、かつて私たちが学んだ大学（一九六〇年代）では、卒論の対象に、現代人のものを取り上げることは厳禁された。どんなに新しくとも、一世紀前までであった。サルトルやハイデガーのものは、許されなかった。ドイツ哲学はカント、フランス哲学はデカルトが好ましい、といわれた。

多様な読み方を可能にする評価が決まったスタンダードなテキストに、まず学べ。そしてこれは二義的ではあるが、多くの人がたどった思考の道筋と格闘する中から、自分独自の思考の道筋を発見できれば、より望ましい、というのが、私たちが受けた指導のねらいだった。

本当に新しいものとは、時代の検証に耐えられるものである。古典が日々に新しい、というのもその意味においてである。これは事実だ。

(4)しかし、古典といわれているものの多くは、表現を含めて、現代人の思考生理のリズムに合わなくなっている。**古典を新しい表現によって甦らせることも**、発掘の一つであろう。たとえば、**宮崎市定『論語の新研究』**（岩波書店）の「現代語訳」などがそうである。

(5)付け加えれば、「現在という資料」は新しい、日々新しいのが「現在」の性格である、といわれる。しかし、「最新の資料」に新しい意味や要素があるかどうかは、未知である。新しい資料は、新しいということだけで価値を要求するが、その大部分は時がたてば、古いものの焼き直し、衣装替え、反復にすぎないことがわかる。

「現在」という新しさは、かならずしも価値ある発見を含まない。したがって、現在を資料とする「認識」は、よくいわれるように、腐りやすいのである。

2 資料をどう整理するか
――ここから手作業が始まる

資料を集めたなら、正確には、集めながら、どう整理、処理してゆけばいいか。

いい資料、いいネタが集まれば、いい論文が書ける。そう思って間違いない。

ところが、いい書き手は、いい資料を集める力があるばかりか、そこそこの資料であっても、いい仕上がりの論文を書いてしまうのである。

しかし、ここでは論文をはじめて書く、あるいは書くのが苦手な人を対象に話を進めてゆこう。

最初の整理ポイント

まず**四つのポイント**を挙げる。

①資料を読むとき、重要と思える箇所には、**線を引いたり、付箋をつけよう**。一通り読み終わると、重要な資料と、そうでないものとがおおよそ選別される。

②次に重要な資料を精査し、キイポイントとなりそうな箇所を選別しよう。これには別の色の付箋をつけるとよい。①②いずれも、ノートをとったりせず、**資料の実物に印をつけるだけ**にする。

ここまで終わった段階で、仕事場には資料の山ができるであろう。

私の場合、平行して仕事をしたり、終わった仕事の資料の山をすぐには整理していないため、仕事場にはつねに、いくつかの山ができている。

③以上の作業が終わったら、**必要と思える箇所をメモにしていく**。しかし、いちいちカードに取るなどしなくてよい。せいぜい、**A４一枚で十分**である。

④A４一枚にメモした箇所と、それに関連した**キイフレーズ、キイワードを、パソコンに打ち込みながら整理**する。可能なかぎり量は少ないほうがいい。せいぜい**A４二枚が限度**である。

これで資料の整理の第一段階が終わる。

ただし、パソコンを使う能力が上がってからは、③を省略して、ただちに④にいくことが増えた。

もちろん、①～④は順序通りである必要はない。人

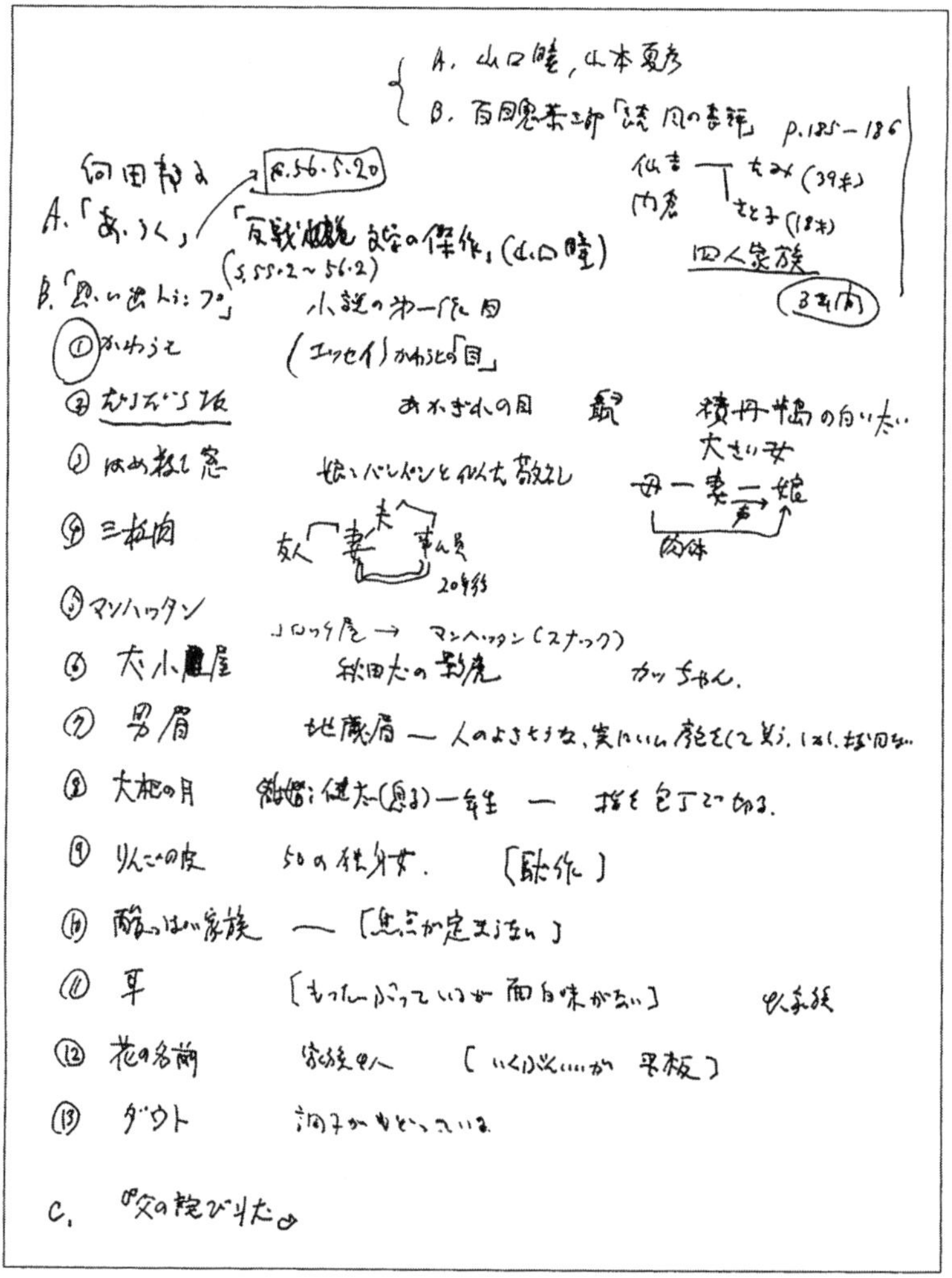

現在はパソコンを使っているので、手書きの
メモ・ノートは、読書論をのぞいて処分した

間の頭脳は、ときに交差し、ショート（短絡）する。その自在な、一見して順不同な脳の活動が、新しいヒントの源である。

前ページにあるのは、まだパソコンを使えず、ワープロ専用機だけで書いていたとき、「向田邦子論」のようなものを書こうとして、「読書ノート」に記したメモの実物である。メモは、書くための準備体操である、できるだけ簡単なのがよいという私の持論を、現物で確かめてほしい。

「中心」――自分の立場を見つける

「テーマ」があり、資料があるていど集まり、その選別がいちおう終わり、A４一、二枚のラフスケッチもある。

となれば、次に行なうのは、「中心論点」、すなわち**自分の論文の「基本立場」の発見**である。

たとえば、テーマが「日米関係のゆくえ」である場合を考えてみよう。

想定できる論点としては、次の三つの立場が考えられるだろう。

a　日米に対等関係はない。「ジャパン・プロブレム」があるだけであり、日本はアメリカの従属国にすぎない。

b　軍事の面で部分的に従属はしていても、日本国家総体は、アメリカに従属していない。

c　日本はアメリカに従属しているのではない。ただ追随しているのだ。

abcの他に取りうる立場もあるだろうが、**とりあえず、三つの立場に限定**してみる。

いま、aの立場を選択したとすると、さらにそこから、a・1からa・3までの三つの異なる選択肢が想定されるだろう。それ以外の選択肢も当然存在するが、ここでも次の三つに限定する。

a・1　日本は従属国であるという現状を踏まえて、アメリカと緊張関係を起こさないようにしよう。

a・2　日本は現状は従属国であるが、アメリカとの緊張緩和を心がけながらも、米から自立する方途を見いだそう。

a・3　日本は従属国である。軍事的、政治的自立なしに、アメリカから真の自立はない。

ここからさらに絞って、a・2の立場を選択しよう。その場合にも**次のような三つの論点**が想定される。

a・2・1　日本の経済的立場の強化によって、政治・軍事面におけるアメリカへの従属を補うべきだ。

a・2・2　アメリカ国内にある、日本（外国）のことは外国に任す、という政治勢力と連結し、日本の政治・軍事的強化を段階的に進めるべきだ。

a・2・3　アメリカの国際的な軍事・政治責務に協力し、対等な軍事同盟関係を生み出す努力をすべきだ。

さあ、読者はどの論点を採用するだろうか。

中心論点の抽出は、このように段階的におこなっていく。この際、できれば、キイワード、キイフレーズにまで絞り込めるといい。

ただし、中心論点を見つける作業も、**あくまでも暫定的なもの**、想定上のものである。論究が進み、執筆の過程で、**論点が訂正されるケースも多い**と考えておくほうがいいだろう。

「反論」を探す

中心を探す作業は、同時に、対立する立場の確定作業でもある。

前項のようにa・2・2の立場に立ったということは、可能性としては、それ以外の選択肢が、反対論拠をもつということを意味している。この反対論の取り扱いについて、注意すべき点を列挙してみよう。

(1)自分の立場だけを主張する論文は、どんなに意気盛んなものではあっても、反対陣営からの攻撃には脆い。たとえ、自分の立場だけを一方的に述べる場合でも、反対論の攻撃を事前に想定しておく必要がある。**反論を自説の展開の中に組み込んだ上で論じる姿勢**が望ましい。

(2)反論をとりあげる場合でも、自説が中心で、そのまわりを異説が取り巻いているという、自己中心主義的な扱いは説得力が弱い。

書き手が、世界全部を相手に議論するという気概を持つことは大切だ。しかし、議論の展開の仕方が、「自己対世界」という構図になってしまうと、読む側からは、独りよがりの被害者意識か、誇大妄想狂にしか見えない。そうなってしまうと論文としては失格である。

(3)反対論を紹介し、批判する場合、相手の論文のどうでもいいところを揚げ足を取るように批判するのではなく、やはり中心論点に沿って紹介、批判することが肝心である。そしてその**批判の中に、相手から学ぶという姿勢**が感じられない論文は、その批判がどんなに優れたものであっても、読んでいて気持ちのいいものではない。そのような論文は、読む側に、何か釈然としない、納得しがたいものを残すのである。

(4)最後に、**絶対に避けなければならないのは**、論文という「公器《パブリッシング》」によって、**私憤を晴らすこと**である。相手を傷つけるだけでなく、結局は、自分が傷つくことになる。しかも、単なる口論とは違って、活字は消えずに残るから、書いた側がかならず後悔することになる。

「変わり種」を大切にする

ここまで読んできて、論文は堅苦しいものだと思うかもしれない。それはそれでいい。

しかし、普通だったら、「なんだこれは」と一蹴されるような論文の中に、優れたアイデアや、見逃せない着眼点がひそんでいる場合がある。私はそのような「変わり種」ともいえる論文を大切にしてきた。そのまま芽が吹かないのもあるが、堂々と幹を伸ばし、葉を広げ、次第に読者の支持をえるようになった議論もある。私が大切にしてきた「変わり種」(失礼!)をいくつか紹介してみよう。

①**古田武彦『邪馬台国はなかった』**(角川文庫1971年)における、『魏志倭人伝』の「邪馬台国」は「邪馬壹国」である、という指摘は大変驚くべきものである。「台」ではなく「壹」ならば、ヤマタイ→ヤマトとはならないからだ。しかし日本歴史学会は、古田説を黙殺した。(ただし、東北王朝説を唱えた古田は、とんでもないニセの「古文書」を握らされ、窮地に陥っている。変わり種には、たまにこういうアクシデントが起きる。)

②井原西鶴に全集がある。しかし、**森銑三**は、西鶴の著作とみなされているものは、『好色一代男』をのぞいて西鶴がなんらかの形で編集等に参与した西鶴本だと指摘した。近世国文学界は、森説を黙殺した。(ただし、近世文学研究の泰斗**中村幸彦**は、その『好色一代男』も全部が西鶴の手になるものではない、と述べた。西鶴研究は謎が深いフィールドである。)

③**石渡信一郎**(1927〜)は、**『応神陵の被葬者はだれか』**(三一書房　1990年)以来、聖徳太子は実在の人物ではない、と繰り返し論じてきた。黙殺されてきたが、いまでは自説の如く聖徳太子=虚像説を吹聴している研究者もいる。

④**宮崎市定**は、日本書紀にある歴代天皇は「実在」した、という立場を大切にせよ、と論じている。(「書かれたもの」は直に「事実」を意味しない。だが同時に、「書かれたもの」を通じて以外、歴史事実に接近できないのだ。)

⑤**マルクス**は、自分が女中に産ませた子を、無二の親友のエンゲルスに押しつけた、という説がある。（「説」ではなく、事実だ〔ろう〕。）

「変わり種」とは、要するに、特定の時代や地域の条件下で、「異端」としてはじかれた意見や資料である。どんな「異端」でも大切にせよ、といっているわけではない。私がいいたいのは、集めた資料の中で、自分にとって刺激的であり、また納得できるものであれば、異端といわれている議論であっても、頭ごなしに排除すべきではないということである。

「マルクス主義の凋落を喜ぶものがいる。しかし、その多くは、現実政策の失敗を理由としている。ソ連が幾ばくか成功をおさめたら、ふたたびマルクス主義に拍手をおくる連中である」（『人間不在の防衛論議』新潮社　1980年）、とかつて**福田恆存**（1912〜94）は論難した。

福田が指摘したかったのは、多くの人は、時の勢いに乗って、発言し、論述しているだけである、ということだ。「異端」とみただけで排除するという精神態度には、時の勢い、とりわけ「騎虎の勢い」に乗じているだけという面がある。そのような性向は、ぜひとも避けたいものである。

材料を「並べ替える」──文章の構成が決まる

友人の編集者が話してくれた。

論文集やエッセイ集を編集する際に、個々の論文、エッセイのコピーを自室に勝手にばらまき、数日眺めることにしている。そのうち、それらをどのように編成したらよいかが、次第に見えてくるので、それを順番に拾い上げていく。もちろん、第一の作業として大まかなジャンル分けぐらいはしておくが、その後は、「自然に」構成や順序が見えてくるまで時を費やすことが重要だ、というわけだ。

梅棹忠夫は『知的生産の技術』の中で書いている。「テーマ」に関連あるキイワード、キイフレーズを、一つずつ一定の大きさの紙に書く。それを机の上に並べ、論理的につながりがありそうだ、と思われるものを集める。

ある程度集まったら、論理的に筋が通りそうだと思われる順番に重ね、ホッチキスで留め（もちろん順番は変更可能だ）、見出しをつける。

見出しをつけた紙の束を並べて、文章全体の構成を決める。

この作業において重要なのは関連性のあるものに分類することではない。頭の中の無意識な動きを、紙の束の順序として形にし、定着することである。梅棹のいう「無意識」とは、友人の編集者がいう「自然」と同じことであろう。

私のすすめる方法はこうである。

先に説明した、A４一枚に書き出したキイワード、キイフレーズを、パソコンの画面に打ち込んでいく。もちろん、論理的に筋が通りそうな順番にである。パソコンの場合、論理展開の順番にフレーズを打ち込んでいく必要はない。ランダムに打ち込み、しばらく画面を眺めていると、自然に展開順序が定まっていく。もちろん、パソコンの場合、後からの追加や順序変更は自由自在である。

結局、三者ともいっていることは同じである。手で拾い上げる、ホッチキスで留める、画面に打ち込む、これいずれも、**材料とそれから拾い出したキイワードの並べ替え**である。

集めた材料自体に、正しい分類や、定型の配列・順序があるのではない。それを決める主体は、あくまでも書く側（研究者側）にあるのだ。

資料を「捨てる」

資料は重要だ。しかし、資料にとらわれすぎると、論文は単なる資料紹介、資料集で終わってしまう。資料・文献研究という分野もあるが、一般的に、資料はあくまでも自説を展開のするための材料に過ぎない、と考えてほしい。

二人の例を挙げてみよう。（ただしこの二人、**論文を「書く」く準備の参考**にはなっても、書き方の参考にはならない。）

開高健に『**人とこの世界**』（中公文庫）という作品がある。広津和郎、きだみのる、大岡昇平、武田泰淳、金子光晴、今西錦司、深沢七郎、島尾敏雄、古沢岩美、井伏鱒二、石川淳、田村隆一、という一癖も二癖もある難物たちをインタビューしてできた、「対話」形式の類を見ない秀抜の作家論だ。

ところが、「対話」部分はほんのつけ足し程度なのである。

しかも、そのわずかな「対話」の部分も、会話の生の記録ではなく、対話自体が、開高の「作品」となっているのだ。開高は「インタビュー」という生の記録を全部消去して、新しい形式の批評文（作家論）を書いたのであった。

さらにつけ加えれば、開高は、この作品ばかりでなく、膨大な紀行をもとにしたすべての作品を、テープレコーダはもちろん、メモに残すこともせず、「記憶」だけで書いたそうだ。

二人目の例は**司馬遼太郎**である。

多くの歴史小説家は、「資料」がなければ、書かない、書けない、という。だから、貴重な資料が手に入れば、その資料を押し頂くようにして、資料本位に作品化しようとするのも、無理からぬことである。

日本の坂本龍馬関係の文献を買い漁った司馬遼太郎

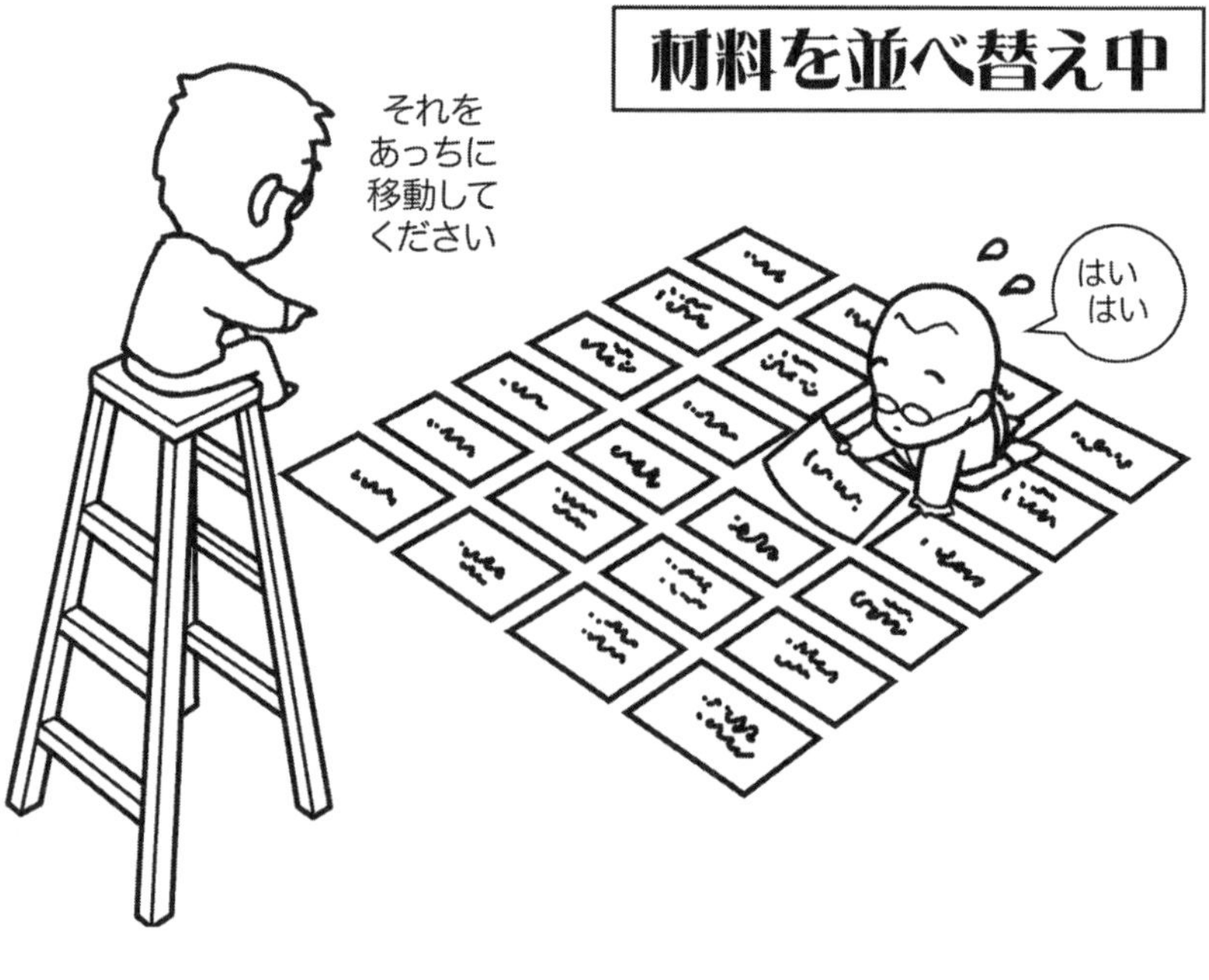
材料を並べ替え中
それをあっちに移動してください
はいはい

は、長編『竜馬がゆく』ではたして文献に依拠し、文献を駆使するような書き方をしているだろうか。そうではない。

司馬は資料からはうかがい知ることのできない竜馬像を創造した。現在、司馬が創造した竜馬像が一人歩きして、歴史の「実在」であるかのように思われているのである。

開高も、司馬も、「創作」（フィクション）をこととする小説家であり、小説と「論文」を同じに考えることはできない、と読者は思うかもしれない。

しかし、小説であれ、論文であれ、形式上、内容上の違いはあっても、重要なのが「ストーリー」であることに違いはない。その意味で、**「ものを書く」ということについての二人の精神から学ぶべきものは大きい。**

資料を大胆に捨ててみよう、というのは、資料を無視せよというのではない。現存する資料から抽出した竜馬像といえども、実在の竜馬とは異なるであろう。資料は絶対ではない。あくまでも材料なのである。資料を重んずるあまり、「ストーリー」の自在な展開が押し殺されるようなことがあってはならない。

私も、文章を書き始めた最初のころは、本を読んだり、人の話を聞いたりするたびに、懸命にノートを取った。忘れるのを恐れたから、メモを欠かさなかった。しかし、あるときからは、最低限度のメモ以外は取らなくなった。**忘れるのにまかせた。**自分の記憶に残ったものだけを頼りに、資料を処理しようとするようになった。不安なことがあれば、おおもとの資料や人に戻ればいいと考えたのである。

このことにより、記録を残すための労力が大いに省かれたばかりではない。自分の記憶だけに頼ることで、資料の読み方や分析が、よりシャープになった（のではないか）、と自分でも思えるのである。

ノートやメモが無駄だ、といいたいのではない。重要なのは、資料に寄りかかる精神の向き具合である。

清水幾太郎は、「裸一貫になって書こう」といっている。私のいいたいのも、同じことである。

よく「資料をして語らせしめる」という言い方がされることがあるが、学術論文であっても、資料が語るのではない、**あくまでも語るのは作者**である。

3 仮説を立てる

「仮説」というと、大げさに聞こえるだろうか。

どのような説も、例えば、いまや誰も疑う人のいない自然科学の学説でも、最初は仮説であった。ケプラーの地動説然り、ニュートンの万有引力の法則も然りである。多くの研究者に賛同をえている梅棹忠夫の「文明の生態史観」も、いまだ仮説である、という人がいる。

ここでいう仮説とは、このような意味の仮設とは若干異なり、論文を書く前に、**書き手が前提にする基本論点**、というほどのものである。各章の中心的な主張を命題化したものを、いわゆる「仮定」と考えてもらってよいだろう。

「仮定」と「前提」は、日本語ではずいぶん意味合いが違うように感じるだろうが、英語ではどちらもサポジション supposition である。

犯罪においては、仮定にもとづく捜査、いわゆる「思いこみ捜査」は、冤罪《えんざい》を生む原因になる。しかし、仮定や思いこみがないと捜査にはならない、ということも事実なのである。問題は、大別すれば、「頭から」思いこんで一切の疑問を排除してしまうか、自分なりの仮定をもった上でひろく意見や情報を集めようとするか、の違いである。

ポアロ（探偵小説家のアガサ・クリスティが創造した）が名探偵であるゆえんは、初見で、犯人か、犯人でないか、がわかることだ。曾野綾子いうところの「動物的カン」である。ポアロの捜査において重要なのは、犯人と思われる唯一の人物の動機、アリバイ、凶器、を丹念に調べあげることである。犯人らしい多数の容疑者の動機、アリバイ、凶器等を調べあげる労力は、灰色の脳細胞をもつポアロには、実のところ不要なのだ。

もちろん、ポアロの「カン」も外れることがある。最重要な容疑者だ、という見立ても、見立て違いということはある。しかし、カンを働かすことや見立てをすること自体は悪いことではない。逆にカンが働かなかったり、見立てのできないのは、探偵や刑事としては失格である。

資料の収集、資料の取捨選択、中心論点の抽出、論の展開の確定作業、これらの作業を進めていると、程度の差こそあれ、それらが頭の中の、はっきりと自覚されない、なかば無意識な働きによって導かれていることがわかるだろう。それが、俗にいえば、カン・見立てであり、学術的にいえば、「仮説」なのだ。

仮説とはサマリー、ダイジェスト、アグストラクト、アウトラインである

ここでは、**仮説とは**資料の解説を経て集約された、

◇「論文」の全体像

◇中心内容

◇結論

を示す**基本テーゼ（集）**である、とひとまずはいっておこう。

「摘要」という言葉がある。英語でいえば、サマリー(summary)、ダイジェスト（digest）、アブストラクト(abstract)、少しニュアンスは異なるが、アウトライン（outline）といったところである。

仮設を内容の面からみれば、サマリーであり、ダイジェストであり。アブストラクトであり、アウトラインだ、といってもいいであろう。（前三つは、本論ができた後に抽出されるという形を取るのが普通である。アウトラインができるのは、本論ができる前のことも、後のこともあるが。）

ただし、**「摘要」は通常は、コラム（小論文）形式で表現されるが、仮設はテーゼ（命題）形式で表す**ほうがいい。

ちょっと話はそれるが、米国では、研究者は、同じ材料で、三度勝負をする。あるいは、五度勝負する、といわれる。事情は日本でも同じである。

①まず、ダイジェストをコラム（囲みの短文）形式で新聞（雑誌）に発表する。

②学会で発表する。その摘要がアブストラクトだ。

③（学会の発表を）二〇～三〇枚の論文にする。

④（③に対する批判や反批判を含む）一〇〇枚以上の論文を書く。

⑤著書にする。

が、その五段階である。

ちなみに　②と③が同時におこなわれる場合があり、④⑤がどちらか一つの場合もある。

①の段階では、議論はまだ、サポジション(supposition)、すなわち「仮定」あるいは「前提」の形式を取る。「仮説」といってもいい。

②③の段階では、主張の太い線の部分を展開する。ここでは、論旨の中でも、とくに既存の議論に対する論争部分にアクセントをつけた戦闘的なものが多い。

そして、④⑤の段階まで自説を展開することができて、論文ははじめて市民権をえることができる。

この一連の戦いの告知《アナウンスメント》、先鞭をつける重要な役割を果たすのが、①の段階における「仮説」なのである。

仮説は「仮想」である

仮説にも、いろいろなタイプがある。

①とりあえずの、いわば仮説の仮説

②文字通りの仮説

③変更不能な原理的仮説

①のタイプの仮説は案外多い。

(1)論文の論旨展開を考えるにせよ、実際の執筆にせよ、とりあえずは「はじめ」なければならない。どんな場合でも、「はじめ」るためには、いちおうの目安(standard)が必要だ。少なくとも、標識(目印 landmark)ぐらいは立てなければ、途中で迷った際に、戻る道を失ってしまう。

もちろん、標識を立てながら進んだとしても、目的地に到達できない場合がある。その場合は、後戻りして、最初から標識を立て直せばよい。この**標識にあたるのが①のタイプ**の仮説である。

たとえば、この種の仮説を日本史で考えると、

◇戦国時代は、戦乱の連続だった。

◇過半の人々が、生命と財産を失う危険におびえ、未来のない毎日を送った。

◇その結果、社会は疲弊し、生産は停滞した。

といった、かつて教科書で習ったような基本的前提であることが多い。

⑵これに対して、②のタイプの仮説は、論を展開する過程で、展開し終わって、はじめて「たんなる仮説」ではなく、確実な論点、正当な主張、であることが証明される。すなわち、**このような仮説を証明する過程が「論文」**なのである。

自分ではどんなに仮説が正しいと思っていても、論の展開が不首尾ならば、仮説のままで終わる。逆に、どんなに論点展開が優れていても、基本になる仮説が間違っていたら、誤謬になる。それでは、たんなるレトリックや詭弁と同じだ。

たとえば、①の仮説から、次のような歴史事実は説明できない。

◇応仁の乱から百年間、文字通りの戦国期に、日本の人口は二倍、国民総生産は三倍に増大した。

◇一六世紀後半、日本はその生産力にふさわしい世界最新の武装集団と最大級の軍事力を持った。

◇その結果、日本は鎖国を可能にするような自立的経済力をもち、江戸期前半の百年間で、人口はさらに二倍に増加した。

したがって、戦国期を「戦争＝悲惨と停滞」というイメージをもとにした①の仮設は間違っていることがわかる。

⑶あるいは、仮説としては正しくても、論理展開を誤ることで、事実に反する論になってしまうこともある。たとえば、

◇戦国時代、戦乱の連続だった。

◇戦乱は人々に苦しみをもたらしたが、古い体制が打ち壊される胎動でもあった。

◇その結果、「楽市楽座」に見られるような西欧社会と肩を並べうる自由市場経済システムが姿を現した。

という仮説は、歴史的には正しい部分がある。ところが、この仮説を論証する材料として、「外圧の論理」ということをもってきたとしよう。「生産技術、軍事技術、経済システム、思想等が、先進国の西欧諸国からいっせいに入ってきたために、古いシステムが打破され、自由経済システムが確立され、軍事大国にもなった」とすると、論理展開としては一見すると矛盾なく正しいものに見えるが、歴史的事実とは反する論になってしまうのである。

つまり、②のタイプの仮説において、仮説が正しけ

ればすべてよし、というわけにはいかないということは、心得ておくべきである。

(4)最後に、**もっと始末が悪いのは③のタイプの仮説**である。

政治集体であれ、宗教団体であれ、思想集団であれ、諸セクト(宗派)は「不磨の大典」をもっている。教義は「仮説」に過ぎないのに、たとえ現実と齟齬をきたしても、批判も、変更も許されない「真理」の形を取って主張される。これが**ドグマティズム(教条主義)**である。

たとえば、マルクス主義において、労働価値説は事実に適わないドクマであるにもかかわらず、「真理」として主張されている。なぜなら労働価値説を否定すれば、マルクス主義の理論体系は崩壊するからだ。

(5)また、セクトでなくとも、**論証や批判を赦さない、「仮定」**が存在する。

たとえば、**自然権としての「人権」や「平等」の主張**である。

「人間はすべて平等に生まれついている」という命題は、事実命題ではなく、権利命題である。すなわち、「人権や平等は、人間に生まれながら備わった自然権である」という主張は、近代社会の進展のプロセスで、「こうありたい」「あるべきだ」という人々の社会的要求の下に培われてきた仮説である。

ところが、「この『権利』(仮説)が、即、実現されないのは不当である」と、時代状況や社会条件を無視し、権利とその実現の絶対性が主張されるようになると、それは多くの誤解と悲惨な事態を招く結果となる。そもそも人権・平等が絶対であるという社会自体が、ユートピア、文字通り、「どこにもない場所」だったり、仮説として間違っているからである。

(6)以上のことを確認した上で、「仮定」は「仮想」(imagination)である、とあえていっておこう。それは、論文証明されるまでは、さらには、反証不能であることがわかるまでは、たんなる観念上の存在に過ぎない。さらにいえば、**論証にはきわめて長いプロセスが必要**であり、場合によっては、一つの論文だけではその**証明が終わらないことすらありえる**のである。

仮説は「結論」でもある

仮説は、論を「始め」るためのアウトライン（輪郭）だといった。それには違いないが、仮設は同時に、「終わり」のサマリー（要約）でもある。先に述べたように、アウトラインとサマリーとは、逆方向を向いているようであるが、しかし、内容としては同じである、と考えていい。

「終わり」を想定していない「はじめ」は、途中で頓挫することが多い。

もちろん、まったくはじめて手がける材料の場合、どこから料理をし始めたらいいか、料理した完成品はどんなものになるのか、などといったことは、かいもく見当がつかない場合が多い。それは仕方のないことである。

私は卒業論文のために、カントの主著からひたすらノートを取ったが、その大部分は、一度も目を通されないまま終わって、埃《ほこり》の被るままに放置されている。形の上から見れば、大変なエネルギーのロスだ。私自身は、このロスを無駄だったとは、かならずしも考えていない。しかし、避けられるのであれば、そうしたロスはないにこしたことがない。

実のところ、いちおうの「終わり」を想定して、はじめて「よく始める」ことができるのである。研究という準備段階が終わってはじめて、準備はどのように段取りしたらいいのかの、ベターあるいはベストな道がわかる。私が本書で示す内容も、多くの人が研究という準備段階からえた経験を参照し、私自身が試した結果として、論文を書くためにはこのようにすればよい、と確信したものである。はじめて論文を書こうとする読者に代わって、「終わり」を想定し、そこからフィードバッグ（「得られた原案等について、もう一度、元にもどし、さらに新しい情報等を参考にして検討・調整する（こと）。」新明解国語辞典）して、よりロスの少ない方法を提供しようとしているのである。

はじめに想定した「終わり」は、実際に着地してみると、ずいぶん違ったものになっている。それが当たり前だ。それでいいのである。はじめに想定した通りの「終わり」になるのは、むしろ例外的なのだ。想定したとおりの「終わり」になるもののほとんどは、「結論」が前もって決まっている場合である。

最初から決まっている結論を再点検するという研究もある。しかし、多くの場合、結論が決まっていると、研究はたんなるアリバイづくり、決算の収支の帳尻を合わせるための帳簿づくりのようなものになりがちで、決して生産的とはいえない。

仮説が間違っていたらどうするか

人は、自分が立てた仮説にこだわる。それは必要なことである。なんのこだわりもなく、ころころと仮説を変えていたら、研究も論も方向性の定まらない支離滅裂なものになってしまう。

しかし、何度も述べてきたように、仮説は仮説にすぎないのだ。それにこだわりすぎると、研究や論理の運びにほころびが生じたり、研究途上で得た貴重な「発見」も台無しにしてしまう。

研究途上で仮設の間違いに気づき、議論の方向を大きく転換するという経験を、私自身がかつて体験した。

「柳田国男と日本資本主義」というテーマで一書をものにしようとして、私が当初に立てた仮設は次の通りである。
1　柳田国男の農政学は、近代日本の農政学史上でも傑出しており、日本農業の近代化の最良のコースを示したものである。
2　ところが、柳田は、農政学を途中で放棄したばかりでなく、農政学の重要な諸論稿を、「全集」に収録することさえ禁じた。
3　柳田が農政学を断念したのは、彼の論が当時の封建的色彩の強い農本主義的国策と対立したからだ。このことは、しかし、彼の農政学上の著作を絶版にし、全集に入れることさえ禁じる理由にはならない。柳田のこの処置は、通常ではうかがい知ることのできない「秘密の原因」があったのではなかろうか。それを明らかにしよう。
私は、以上の「仮説」を、私が多くの影響を受けた谷沢永一（「『時代ト農政』前後」１９６２年）と吉本隆明（『柳田国男論集成』ＪＩＣＣ出版局、１９９０年）から受け継ぎ、自ら柳田の著作を読むことで、いちおうのところ、確認した。そして、柳田が農政学を放棄した秘密を探り、その詳しい経緯を一冊にまとめようとした。研究途上で、仮説は、当初とはまったく正反対のものになっていった。すなわち、

1　柳田の農政学上の仕事と著作は、日本の近代化の基本方向を無視した、ユートピア的色彩が強い。

2　柳田が、農政学を放棄したのは、政策上の敗北も一つの理由であったが、それ以上に理論上の誤りによるところが大きい。柳田は、自分の農政学上の業績《ワークス》を自ら放棄したに等しい。

3　ところが、柳田農政学は、戦後の「農地解放」（小農自立策）に体現された。そのため、柳田の「理論」上の勝利が語られてきたのだ。しかし、農地解放こそが日本の戦後農業を腐敗堕落、衰退させた元凶ではなかったか。したがって、全集から農政学上の著作を自ら追放することこそが、柳田に望ましかったのは当然である、と考えていい理由があるのだ。

　私は急ぎ、もう一度はじめから、柳田のものを読み直さなければならなかった。これまでに私のような仮説を立てた研究者は皆無に近いので、不安もひとしおであった。

　しかし私は、読み直しのプロセスの中で、日本の近代化に果たした農業政策（一般に「寄生地主制」といわれる）の「正しさ」の基本路線を知ることができた。併せて、日本の戦後農業の「失敗」の原因も知る根拠（仮説）をえることができた。そのようにして、自分の新しい仮説を論証することができたと考えている。（詳しくは、『柳田国男と日本資本主義』〔三一書房1999年〕を参照されたい。）

　このような自身の体験からも、**仮説が間違っていると思えば、潔く出発点に戻ること**を私は強くおすすめする。間違えることは、決して悔やむべきことではなく、むしろ、歓迎すべきではないだろうか。新しい仮説からふたたび出発することができれば、研究も論文も革新的なものになる可能性が高いからだ。

仮説は「目次」である
――「命題（テーゼ）集」をつくる

仮説についていろいろ述べてきたが、仮説は、具体的には、「命題集《テーゼ》」という形式のものがいい。

先に示した**Ａ４一枚程度に「要約」されたパソコンの画面をもとに、テーゼ集をつくっていく**作業が、私にとっては実に楽しい。この作業ができてはじめて論文が書ける、この作業が楽しくなると自在に論文が書けるようになる、と考えてもらってもいい。

以前、二〇〇字詰原稿用紙の裏に、万年筆あるいは毛筆で、テーゼ集を書いていた。立花隆も同じようにしているということを後から知って、この方式はかなり一般化できるのでは、と考えていた。

しかし、パソコンの普及により、状況は一変した。原稿用紙に、ああでもある、こうでもない、と消したり加えたりして、最後はやはり清書のようなことが必要になる、楽しくはあるが煩瑣な仕事が、パソコンの活用により、自在かつシステマティックな知的創造的活動に変わったのである。

このテーゼ集という本体に、後に示すように、原則として、**三分割法で、枝葉をつけていく**。部（編）、章、節、項目、というように、思うがままに増やしていって、できあがるのが、「目次」（Contents）の原型である。**実際の例**を一つ挙げてみよう。

「快楽主義の哲学」をテーマにして一冊書くために、私がつくった「目次」の原型がある。本文はまだ一行も書いていないが、原型だけはできあがっている。

(1)まず、問題意識から話してみよう。

私の専攻した学問は倫理学である。倫理学とは、広い意味でいえば、人間学だと思ってほしい。「人間は過剰な欲望をもった存在である」というのが、私の人間と人間社会を理解するための第一テーゼである。

したがって、「快楽」とは、私にとって肯定的な価値だ。

快楽主義の元祖といわれるエピクロスは私のもっとも好きな哲学者の一人である。ところが、快楽主義とは、エピキュリアンとともに、人間をゴキブリなみに堕落させる議論である、という論調がいまなお強い。そういう通説ができあがった歴史的経緯は理解できないわけではないが、大きな誤解にもとづいているのである。少々大げさにいえば、エピクロス主義にたいする冒瀆である。

渋澤龍彦（1928〜87）は、カント（禁欲主義）とサド（快楽主義）を統一しうるような論理をもつ人間学が必要だ、とつとに説いてきた。そこで、渋澤の『快楽主義の哲学』（光文社　1965年）とは異なったテーゼと議論で組み上がった一書を書いてみよう、というのがカントとエピクロス、スピノザ、ヒュームに多くを学んだ私の年来の望みである。

できあがったのが次のような目次である。

「快楽主義の哲学」

1　快楽主義の二形式——エピクロスとサド

1・1　快楽主義のネガティブ形式

1・1・1　快楽はグッドだ

プラトンにとって、快楽主義ほど呪わしいものはなかった。欲望の無制限な放縦を許す、個人原理に基づいたデモクラシーこそがこの快楽主義の源泉であった。

1・1・2　心の平静

1・1・3　快楽は稀少価値だ

1・2　快楽主義のポジティブ形式

1・2・1　規範からの解放

1・2・2　最も抑圧されてきた快楽

1・2・3　快楽は稀少価値だ

1・3　快楽主義の歴史的限界性

1・3・1　特権の快楽主義

1・3・2　犯罪の快楽主義

1・3・3　大衆の快楽主義

2　人間の「本性」——過剰な欲望

2・1　なぜ人間は「自然」を超えたのか

2・1・1　「言葉」

2・1・2　「生産用具」

2・1・3　観念の世界

2・2　人間の「自然」

2・2・1　環境世界——「自然」の延長と模倣

2・2・2　人間の「身体」

2・2・3　「無意識」――個体と社会
2・3　人間の自然の価値と困難さ
2・3・1　自然の充足＝解放は気持ちがいい
2・3・2　人間の自然の無限性
2・3・3　充足の有限性

3　エロスとタナトス――限界のないアクティブな快楽
3・1　私的幻想の快楽
3・1・1　限界なき快楽1――文学
3・1・2　限界なき快楽2――哲学
3・1・3　「約束」の文法
3・2　対幻想の快楽
3・2・1　「密封」する快楽――唯一性
3・2・2　共有する快楽
3・2・3　約束された快楽――必然と自由
3・3　快楽を生み出す快楽
3・3・1　満足と不満の弁証法
3・3・2　生も死も「言葉」である
3・3・3　人間とその社会は「言葉」である

4　快楽主義は異端の特権ではない
4・1　快楽主義＝異端は、歴史的産物
4・2　高度消費社会で快楽主義は普通形式
4・3　アンチ快楽主義の稀少性

最初にできたテーゼが、**1・1・1、2・3、4・2**である。

それに統一性をもたすために、章題1、4を立てる。全体を均整の取れた《システマティック》ものにするため、1・1、1・2、1・3、2・1、2・2、2・3、等々をつけくわえてゆく。これはあくまで原型であるので、気がつくたびに、手直しをしてよりよいものにしていく。

1・1・1のように、「プラトンにとって、……」というようなリード文をつけてゆくことも楽しく、望ましい作業である。

読者もぜひ試みられるといい。**知的トレーニングとしてこのような作業を何度もやっていると、**論文を書くことに対する抵抗感が薄れ、書くことが面白く思えてくるに違いない。

仮説・3つのタイプ
1 とりあえずの仮説の仮説
仮説：うちの嫁さんはやさしい
仮説を証明する過程
たらいまぁ～
飲んできたんだぁ
結論に至らず。結論に達しない場合は後戻りして最初から仮説を立て直せばいい。
2 文字通りの仮説
仮説：うちの嫁さんはやさしい
仮説を証明する過程
たらいまぁ～
飲んできたんだぁ
仮説は間違いで、結論は逆だった。
でんわくらいしろよテメー!
3 変更不能な原理的仮説
仮説：うちの嫁さんはやさしい
仮説を証明する過程
たらいまぁ～
飲んできたんだぁ
結論は仮説通り。仮説はドグマ(教条)だった。
でんわくらいしろよテメー!
論証にはきわめて長いプロセスが必要であり、証明が終わらないことすらありえる。

実際に論文を書くワザ

挫折しないですむ、具体的な方法

失敗を約束された書き方もある

さあ準備が整った。論文を実際に書き始める段になる。

よく調べた、十分に準備が整った。ならば、うまく書くことができるか、といったらかならずしもそうではない。逆のこともある。

はじめて論文を書くとき、あれも書きたい、これも書かなくては、と重装備になりがちである。しかし、いざ出陣というとき、甲冑具足が重すぎれば、動きが取れない。

何しろ初めての論文である。緊張するのはもちろんだが、思いのたけを書き切るのだ、と意気込んで、構成も何もかもまったく無視して、どんどんどんどん書き始める人がいる。とにかく、好きなことを、思うがままに書く、種切れになるまで書き続けたい。構成などはあとから考えればいい。頭にあるものを全部文字にせずばすまない、という調子である。

しかし、ほとんどの場合、これは**はじめから失敗を約束されたケース**なのだ。

論文を書くのは、マラソンレースに似ている。はじめてマラソンを走る選手が、レース配分や、スタミナ、気温、相手との駆け引きなどを十分考える暇もなく、無我夢中で走って、好走する場合がある。しかし、冷静に観察すれば、そういう選手は例外中の例外である。ほとんどの選手は、レース半ばで脱落するか、最後の五キロでスタミナ切れして、ペースダウンし、予想以上の悪いタイムでゴールにたどり着く。

　はじめてのレースに失敗はつきものだ。しかし、最初の失敗が問題なのは、失敗が選手に刷り込まれて、同じ過ちを何度も繰り返すことである。早稲田大学陸上部出身の櫛部や渡辺という素質のある選手が、マラソンランナーとして成功しなかったのは、最初のレースの失敗があまりにも大きかったからだ。それを乗り切ることができなかったからだ。そういえば、二人とも、レース配分が抜群にうまかった世界最強のマラソンランナーといわれた瀬古利彦（15戦10勝）の「弟子」である、ということも興味深い。瀬古は自分のレース配分が抜群にうまかったといわれていたが、終始トップグループにいて、トップの選手の背中に張りつき、最後の一〇〇メートルを十一秒フラットの俊足で抜きさる、というのが彼の戦法だった。瀬古にはマイペースではなく、誰のどんなペースにもついて行くだけの異常な走力があったというべきだろう。

　結局、瀬古は指導者として、1キロ3分の標準的なペース配分（ゴールは2時間6分台）を身につけさせることができなかったのではないか。

　マラソンには、コースごとに、共通のペース配分がある。走り方がある。それを無視しても好成績を残す選手は、才能に恵まれた特殊な例だ。

　本書が提供したいのは、**誰が応用しても役に立つ共有のスタンダードとなりうる、論文を書くための「技術」**である。とくに**本章では「ペース配分」ということを問題にしたい**。決してマイペースがよくないといっているわけではない。自分なりのペースとは、このスタンダードな技術を使いこなして、はじめてえられるものである、というのが私の考えだ。

1 どのタイミングで書き始めるか――失敗しない書き方1

「はじめ」は最後に書く

前章の終わりで示したような、おおよその輪郭、目次ができたら、いちばん大切なのは、**まず書き始めることである**。人間、速い遅いはあれ、足があれば走ることはできる。しかし、論文の場合、万年筆と原稿用紙、あるいは、パソコンがあれば書き始めることができる、というわけにはいかない。

まず「はじめ」である。書き出しは何であれむずかしい。それも論文である。書き始めで失敗すると、後が続かない。あるいは、書いている途中で支離滅裂になってくる。ではどうするか。

「はじめ」を書かずに、「本論」にすぐはいる。私は、これを鉄則として、とくに初心者にすすめたい。

「はじめに」「序論」「緒言」「導入」「入門」、これは全部同じ、**イントロ**（introduction）だ。最初の階段である。最初の段、あるいは一階のフロアーをつくらないで、第二段、二階をつくることは困難だ、と読者は考えるかもしれない。

ところが、違うのだ。「はじめ」は、第一段、一階ではなく、入口までのアプローチなのである。アプローチは、家本体が完成してから、入口や家全体のバランスを計って最後にあつらえられる、というのが普通であり、ベストである。論文の場合もまったく同じだ。

「はじめに」あるいは「序論」は、本論の一部ではない。いってみれば、これから本論を展開しますよ、その核心はこうですよ、という雰囲気作り、さあお読みください、という「呼び込み」、あるいは、本論のサマリーの役割を果たすものである。

したがって、「はじめ」は最後に書く、まずこれをすすめたい。

スッと入る

その上でさらにいえば、アプローチ、呼び込みを必要とせず、一挙に本論にはいる作品が書けるようになれば、達人の域に達したと思っていいだろう。以下は論文ではないが、一挙に本論にはいる、破天荒《はてんこう》の「冒頭」の例を挙げてみよう。

「小嬢《こいと》さまよ」

と、源爺《えんおん》ちゃんが、この日のあさ、坂本家の三女の乙女《おとめ》の部屋の前にはいつくばり、芝居もどきの神妙さで申し上げたものであった。(『竜馬がゆく』)

……「の」の連続も含めて、カルチャーセンターの文学講座なら、いっぺんに「没」の憂き目にあうだろう。

落ち着いている。

声が、である。(『国盗り物語』)

……こういう「はじまり」ははじめて見た。これは蛇足だが、NHKの大河ドラマで、平幹二郎が演じた斉藤道三の声が、今でも耳に残っている。

「適塾」

という。むかし大坂の北船場にあった蘭医学の私塾が、……(『花神』)

……司馬の作品をかなり読んだものなら、もう驚かないだろう。

まことに小さな国が、開花期をむかえようとしている。

その列島の中の一つの島が四国であり、四国は、讃岐、阿波、土佐、伊予に分かれている。伊予の首邑《しゅゆう》は松山。(『坂の上の雲』)

……気合い十分、身を乗り出すようにして作者が語りはじめている。

淡路の島山は、ちぬの海（大阪湾）をゆったりと塞ぐようにして横たわっている。(『菜の花の沖』)

……司馬作品の中でいちばん好きな出だしである。

全部が、**司馬遼太郎**の代表作の冒頭部分である。こういう「はじめ」は、誰もが、できるものではない。ほとんど不可能に近い。真似はしないほうが賢いだろう。

ただ、緩やかに、誘うように、スッと本論を始めるという姿勢は見習ってもいいだろう。論文を始める名人が**清水幾太郎**だった。次に挙げるのは、いずれも主著から引いた冒頭である。

一九〇七年、ピカソは「アヴィニョンの娘たち」という奇妙な絵を描いた。この作品は多くの画集に収められているから、大部分の読者は知っているであろう。義理にも美しいとは言えぬ五人の女性を描いた絵が有名になっているのは、ほぼ二つの理由によるようである。第一に、……（『現代思想』岩波全書）

……「現代思想」というと、いかにも堅苦しい。ところが、清水は、二〇世紀初頭の思想的雰囲気をつかむために、思想体系や思想家に直接向かわずに、ピカソのキュビスム（立体主義）の最初の作品を取り上げようというのだ。この行き方を、私は『昭和思想史60年』（三一書房 新版『昭和思想史』）で、江戸川乱歩の作品解説からはいることで、借用した。さて上手くいったかどうか……。

二十世紀の倫理学は、G・E・ムアの『倫理学原理』（107）というエクセントリックな書物から始まっている。始まっているだけでなく、現代の倫理学の大部分が、この書物の解説で成り立っていると言えるであろう。（中略）そのうち、最も優れた解説を施しているのは、多くの職業倫理学者であるよりは、J・M・ケインズであるように思う。そのケインズにしても、もし彼がD・H・ロレンスに会うことがなかったら、恐らく、解説を書く機会はなかったであろう。この偶然によって、図らずも、ケインズは、単にムアの著書の解説のみではなく、ムアが出発点を作った二十世紀の倫理学に一つの解釈を与えることになった。（『倫理学ノート』岩波書店）

……これもかなり高度な専門家向けの論文である。しかし、経済学のケインズと、作家ロレンスの偶然の出会い（哲学者のラッセルも同席していた）をもとに、ムアが提起した二〇世紀倫理学の諸問題を陳列、解説し、分析的に批判する店開きを始めるやり方は、縁日の出店ではないが、なんとも道ゆく読者の気をひきつける。

「完璧」を期さない

司馬遼太郎の原稿を見たことがあるだろうか。ぜひ写真版でもいいから、一見するといい。いまでも簡単に手にはいるのが、文藝春秋編『司馬遼太郎の世界』である。

原稿は、万年筆で何度も書き替えられ、書き加えられている。緑、茶色の色鉛筆で不要の部分が消され、替えられ、加えられた部分が赤鉛筆でつながれる。まことに見事な多色の世界である。曼陀羅の図を見るような気がする。

その過程において、最初の文章は、ことごとく消えてしまっている。活字化されたときの完成品がはじめから書き下ろされているわけではないのだ。

私は、その徹底した推敲ぶりに驚くとともに、まず、とにもかくにも、本番の原稿用紙にすっと書きはじめる、という司馬の精神の大胆な動きに驚嘆する。

司馬がパソコンで書いたら、さらに伸びやかで、気どりのない、変幻自在な文章を書いたに違いない、と私は想像する。パソコンの画面では、曼陀羅図は消えるが、加筆、削除は思いのままだからだ。

論文を実際に書くとき、材料を吟味し尽くし、文献を完全にそろえてから、と思っていると、いつまでも書くことを始められない。

資料というものは、むしろ、書き進んで、作品に血肉が通ってくるにつれて活用の幅が広がり、追加文献もどんどん集まってくるようになる。

さらにいえば、論文を書き終え、定稿にしてから、文献をはじめとする必要不可欠な資料が集まってくることも多々ある。（もちろん、当面使う予定がないものでも、このような資料は集めておかなければならない。もう論文を書き上げたから、文献はこれ以上不要だという姿勢でいると、本当に必要な情報、資料はいつまでもそろわない、ということになるから、要注意である。）

書き始めのときは、資料の多寡にかかわらず、実際に使うことのできる材料は乏しいのが普通である。しかし**完璧を期していたら、いつまでたっても書き始めることはできない**。極端にいえば、気分の問題としては、手ぶらで、素寒貧のままでいいから、とりあえず書き始めてほしいのである。

推敲は書いた分を、その回と次回で

どんな筆の速い人でも、五〇枚の論文を一気に書き上げることは不可能だろう。数日、数回に分けて執筆するということになる。

推敲であれば、五〇枚程度なら、全部をまとめて一度におこなうことも可能である。しかし、私は、それとは異なる、**誰にでもできるやり方**をすすめる。

司馬のほとんどの作品は、連載ものである。一回分ごとに、原稿と、ゲラ（活字の初校、再校）段階で、綿密に推敲がほどこされたそうだ。それがつながって一作品の完成体となる。（ここで一つ注意しておきたい。司馬はゲラにももちろん手を入れただろうと想像できる。しかし、物書きとしては、**完全原稿を渡す**のが礼儀だ。とくに**初心者の場合、ゲラ上では誤植や決定的なミス以外は手を加えてはいけない**、をモットーとしたい。）

私は、パソコンで書いているが、可能なかぎり、一節ごとに推敲をおこなっている。分量でいえば、約五〜一〇枚程度だ。しかし、分量に関係なく原則としているのは、**その日書いた分をその日に推敲する**。そして、次回書き継ぐとき、**前回書いた分にもう一度推敲をくわえる**。

これにはそれほど時間はかからない。それに前回書いた部分をていねいに推敲して、加筆訂正をほどこし、新しい部分を書きはじめる、というのは精神衛生上もいい。自分が獲得した領土を再確認して、新たに出発に臨むことができる。

それでも、誤字、脱字はある。思い違いや重複もある。だから、一章を終えるごとに再度推敲する。そして、これは省略する場合もあるが、全文を仕上げたら、最後にもう一度見直す。ゲラ段階では、よほどのことがない限り、本文をいじるべきではない。

以上のことを、パソコンを用いてやると、至極簡単だ。司馬のように、これを原稿用紙でやろうとすると、原稿執筆時間と同じぐらいの時間がかかる。重労働である。

三〇〇枚書くのに三〇日かかるとする。第一稿を書きあげたところで、完成した、万歳、と有頂天になっていると、とんでもないことになる。原稿を整理し、定稿にするのに、同じだけの日数がかかるからだ。私も、何度もこれで臍《ほぞ》を噛んだことがある。

しかし、パソコンで書くのであれば、原稿を書き上げたときが、即、完成、である。メールに添付して、編集者に送れば、著者の手を離れる。そして、次の仕事へとギヤチェンジできるのだ。これはまことに爽快な気分である。

「書きやすい」ところから?「書きにくい」ところから?

論文は、おおよその「目次」にしたがって、順序よく書かなければならない、というものではない。

読書が苦手な人の原因の一つに、一箇所でもわからない漢字、意味の通じない部分に出会うと、それがわかるまで、通じるまで、立ちどまって、先に進むことができない、という心理状態に追い込まれることがある。そんな「困難」が何回か続くと、読むのを断念してしまう。

わからない箇所は飛ばして読めばいい。読み進むとわかってくることがほとんどだし、わからなくても、よほど大事な箇所でないかぎり、大局に関係ないのである。

拙著で、「……して、なんぼのものだ」と書いたら、「なんぼのもの」というのがわからない。どういう意味か、と手紙で尋ねてきた人がいた。こういうのを熱心というのか、つまらないことをするというのか、いろいろ考え方もあるだろう。私はそういうことは「つまらんちん」だと思う。そう書くと、「つまらんちん」がわからない、とまた聞かれるかもしれないが。

論文を書く呼吸も読書と同じで、**困難な部分にさしかかったら**、無理にも突き抜けるぞ、という気概で臨むよりは、**迂回作戦を取る**ほうがいい場合が多い。遭難して、複雑骨折をするのを回避するために、**困難部分を空白にしておき、とりあえず先に進む**のである。

空白にして進む、というのも、パソコンで書いていると、あまり気にならない。後で、空白を埋める処理も、簡単である。

書き進めるうちに、問題の核心も、周辺部分も、よく見えてくる。資料や新しい論拠も集まってくる。そうすると、以前は困難と思えた部分がおのずと解消されてしまっている場合が少なくないのだ。

もちろん、そんなに都合よくいかない場合だってある。困難がいつまでも残ってしまって、どうにもしがたい、ということだってあるのだ。深い谷川を渡る吊り橋がどこにも見いだせず、続行不可能、というケースだ。

人生においても、論文においても、心ならず断念しなければならないことはある。しかしそれで、人生が終わってしまうわけではない。論文を放棄しなければならなくなるわけではない。とはいえ、論文には締め切りがあるから、難問を未解決のまま、いつまでも放置しておくわけにもいかない。そこで、この難問を、自分は解決する策をまだもっていない、と断って論文を仕上げることもできる。未解決の課題として残すことで、次の論文を書く動機につながることもある。

あるいは、論文を書き上げるために、困難な部分を切り捨ててもいいのである。論文は完璧であるにこしたことはないが、それは不可能である。書き手がよくわかる部分だけで構成された論文は、もちろんあっていい。実際のところ、たいていの論文は、困難な部分などまるでなかったかのように書かれている。そのようなあり方は決して誉められたわけではないが、それでも、ルール違反ではない。結局、わかるところまでを書けばいいのだという、ある意味で開き直った姿勢がなければ、書き上げることはできない。

ただし、私は、概して、目次の順序通りに、あるいは、もっとも困難だと思われる部分から書きはじめる。そのことの効用は、そこを突破してしまえば、後は楽だから、という精神的な理由ばかりではない。私は、少し気どりをもっていえば、論文を、特定の「困難」を解くために、書こうと思っているからだ。その難問を、とにもかくにも、最低の水準ででも突破できなければ、論文を書く意味はない、と考えているのである。ただ、これはあくまでも私の性癖からくるやり方である。難問をとりあえず保留するのか、放置するのか、果敢に挑むのか、どの方法をとるのがよいかは、前もって決まっているわけではない。テーマや、書く媒体、書くサイズなどによって異なってくる、というのが私の考えだ。

全体の三分の一書くのに、三分の二の労力が必要だ

やさしい部分から書くのか、むずかしい部分から書くか。いずれにしても、書き始めの時期が苦しい。

一〇〇枚サイズの論文を執筆するケースを考えてみよう。

はじめのうちは、言葉を紡ぎだしてゆくテンポや文体が決まらない。「ですます」調と「である」調が混在していたりする。

資料にとらわれすぎたら先に進めないが、あまりに資料を無視するのも、不安なものである。それで資料を気にしすぎると、文章がくどくなる。いずれにしても、なかなか先に進めないのだ。

書いては消す、書いては加える、という行きつ戻りつの作業が続く。原稿枚数がいっこうに増えない。書きはじめてから一週間もたっているのに、やっと一五枚ていどしか進んでいない。

ところが、二週間がたった。とにもかくにも三〇枚になっている。厚みが出てきた。気がつくと、フット肩が軽くなっている。灰色の脳細胞が急回転しはじめるのがわかる。あとの七〇枚は一週間でクリアーできる。一日一〇枚見当で進む。

文章のテンポが軽快になる。西海岸から出発し、ロッキー山脈をさまよっているかのような前の見えない気分から、視界を遮るもののいない大草原（the Prairie）に出た爽快感がやってくる。そのように感じれば、ゴールは目前である。最後の夜は徹夜をしてでも仕上げてしまおうという気分になる。

原稿の最後に〔稿了　20140913〕と打ち込む。「上書き保存」して、手順通りコンピュータを停止させる。ふっと静寂がやってきた。朝だ。このさわやかで、やわらかな感覚に達するのが、論文を書くことの最大の

全体の三分の一を書くのに三分の二の労力が必要である

幸福である。たとえ、身も心も疲労でずたずたになっていたとしても、そうなのだ。

というわけで、**論文枚数の三分の一まで、とにかく頑張ってみよう。**それを越したら、一瀉千里《いっしゃせんり》（full drive）である。いつでもこの通りにいくわけではないが、トレーニングを積んでいけば大体のペースはつかめてくる。

ただし、このような事情もあって、はじめの三分の一は、どうしても文章がくどく、読みにくくなりがちである。（私の場合、目次の順番通りに書くことにしているので、どうしても、最初の部分がくどい、といわれる。）その意味でも、「はじめ」は文章がこなれてきた最後に書くのがよいのである。

もっとも、私自身は、「はじめ」をあとまわしにせず、順番通りに書くことにしている。これには三つの理由がある。

1　どんなに容易な部分から書きはじめるといっても、書くということは、いずれにせよ手探り（trial and error）の状態から始まる。それなら、筋道＝順番（order=Contents）通り書こうと考えるからだ。

2　なにせよ**「困難」を突破する爽快感**を得たいからだ。私の性向から、どうしても安易な書き方を選んでしまうと、書き上げたときの爽快感が減じてしまうのである。

　私も、書きはじめて十年くらいの間は、「はじめに」や困難な部分は、あとで書くことにしていたが、それ以降は、順番通りに書くことにしている。論文を書き終えることから得られる精神的、生理的解放感が、自分が論文を書く動機の上で、かなりなウェイトを占めているのがわかるようになったからである。

3　書き出しの「くどさ」や「たどたどしさ」を含めたすべてを、**自分の精神の足跡**として残したいと思うからである。**書くという活動は、冒険であり、探検である**。冒険は、手探り状態ではじまるものである。手探りで進むことに、書き手の**旺盛なる探求心**の「すみか」、**固有性**がある。その行路こそ得難いものである、と私は考えている。そういうものも含めて、書いたものを「私の作品」としたいのだ。

4　最初の三分の一は、後の三分の二が終わってから書き直したらいい、という人もいる。たしかに読みやすくなる。しかし、たどたどしいのがいいというわけではないが、どうもそれでは何か得難い作者の精神の「息づかい」が失われてしまうのでは、というのが私の経験則なのである。

2 サイズを決めて書く意味
――失敗しない書き方2

論文は、サイズを決めて書こう、と前に述べた。

短文（一〇枚以下）、中論文（一〇〇枚まで）はもとより、長論文（二〇〇枚まで）、著書も、最初にサイズを決めてはじめるのがいい、というのが私の意見だ。

短文や二～三〇枚ていどのものなら、サイズが決まっていても書ける。しかし、一〇〇枚を超えるもの、ましてや著書ということになれば、サイズを決めるのに何の意味があるのか。結果として、一〇〇枚を超えたら、一〇〇枚に縮めたらいい。こういわれるかもしれない。

そうではない、と強くいいたい。**サイズを決めて書かないと**、サイズ通りに仕上げるトレーニングを積まないと、**いつまでたっても論文を書くチャンスに恵まれず、書く技術は上がらない**、といおう。

論文を書くチャンス

まず論文を書くチャンスからいおう。

1　「仕事」の一環として論文を書く場合である。与えられた仕事だ。仕方がない、という消極的姿勢からは、まともなものは生まれ難い。書く能力を認められ、抜擢された仕事だ。評価の対象となる論文である。おろそかにできるはずがない。まず、こういう精神で立ち向かってほしい。

仕事には、仕上げる分量と期日が決まっている。きっちりと決まっていない場合でも、あらかじめ決めてかかるのが仕事人《プロフェショナル》だ。論文にも分量と締め切りが決まっている。何日以内に、何枚書く、ということを決めてかかるのが、書く仕事人の資格なのだ。

2　ビジネスの一環として論文を書く場合である。「グラウンドにはゼニが落ちている」といった元南海ホークス（現福岡ホークス）の鶴岡監督ではないが、チャンスは職場にころがっている。仕事で書いたレポートやペーパーが評価される。周囲から注目を集め、評判が社外に広がる。こうして注文原稿が舞い込むチャンスが生まれるのだ。このとき重要なのは、原稿料のことではない。新しい仕事や職場の開拓につながるチャンスがやってきたのだ。応じるべきである。

注文原稿は、当然のことながら、例外を除いて、字数制限と締め切りがある。これを守れないような人には、次に注文はやってこない。

3　注文がなくとも、論文を書くチャンスは自分でつくることができる。自らにテーマを課し、自己表現のために、評価をえるために、**毎年、数本の論文を、時間を作って書き上げていく。**それが知識社会、情報社会に生きる、一人前の人間《プロフェショナル》の資格だろう。自分でサイズを決め、締め切りを設け、書かれたもの＝「作品」（work）にならなければ、どんなに貴重なアイデアや情報、体験等であっても、すぐに雲散霧消してしまう。

一〇枚も一〇〇枚も同じ調子で
——トレーニングの方法

長文は、短文の連なったものである。

一〇〇メートルを四二一回繰り返すインターバル・トレーニングを積んでも、四二・一九二五キロのマラソンを走りきることはできない。しかし、論文であれば、短文を積み重ねてゆくと、長文が書けるようになる。それが論文の走法なのである。

だから、論文を書くために、**まずすすめたいのは、短文を書くインターバル・トレーニング**である。一〇〇字、二〇〇字、四〇〇字、五五〇字、六五〇字、八〇〇字、一〇〇〇字、一二〇〇字、と同じ「テーマ」を書き分ける練習を繰り返してみよう。意外に簡単に上達する。

一〇枚なら、頑張れば、一日で書くことができるようになる。ところが、普通、一〇〇枚は、一〇×一〇ではなく、一〇×二〇、一〇×三〇のように感じられるだろう。

だが、長大感をもつ必要はないのだ。一日で一〇枚を書くことができれば、一〇〇枚書くのに、一〇日はかからない。前項でも述べたように、三〜四〇枚をすぎると、書くペースが加速し、一〇日かかる予定だったのが、七〜八日ですんでしまう。

とはいえ、現実的なやり方としては、私は、**一〇〇**

枚を一〇日で書く平均スピードを身につけることをまずすすめたい。

マラソンレースで、一キロメートルを三分ペース、五キロを一五分平均で走ると、二時間六分台の記録が出る。どんなレースでも、この平均ペースで走り切れば、つねに上位入賞はおろか、優勝さえも可能なのだ。しかし、練習では平均ペースで走ることをめざしていても、実際の試合ではほとんどの場合、実行不可能である。

だが論文ではそれができる。平均ペースで文章を書くトレーニングを積み、実際に論文を書く本番においても、**平均ペースを守ることを**、強くすすめたい。これは、初心者でも、熟練者でも同じである。

ただし、困難な山場や、資料や文献等の確認に手間をとる部分にさしかかって、一枚書くのに平均ペースの数倍の時間を要する場合が生じることは、避けられない。したがって、論文書きでは、予備の時間を設定しておく必要がある。一〇〇枚書くのに、平均ペースで一〇日かかるのであれば、同じ日数だけ予備日をもつのがいいだろう。

だがトレーニングを積むと、予備日を必要としなくなってくる。途中で時間を食うことがあっても、最後にはペースがあがって、結果として、平均ペースで書き上げたのと同じになる場合がほとんどなのである。

三分割法で書く、考える

では実際には、どのようなインターバル・トレーニングを行なったらよいのか。

私がすすめるのは、**三分割法というやり方**である。この場合、まず全体のテーマを、三分割する。たとえば「人間」というテーマを設定し、とりあえず、次の**三命題（テーゼ）を立てる。**

1　人間はサルだ
2　人間はサルではない
3　人間は進化したサルではない

決められたサイズが短文三枚ならば、一テーゼ一枚で書けばいい。

一〇枚だったら、一テーゼを三枚で書けばいい。その場合は、次のように、**一テーゼをさらに三分割していく**のである。

1　人間はサルだ
1・1　モリスの「裸のサル」
1・2　サルも「学習」する
1・3　サル社会の論理と倫理（日本サル学）

同様に、2、3のテーゼもさらに三分割し、一命題につき一枚のペースで書けばいいのである。

五〇枚ぐらいの中論文であれば、1・1から3・3まで、**一命題につき五枚で書けばいい**。**一命題当たりの枚数が長すぎると思えば、それをさらに三分割して考えるといい**。そうすれば、新たにつくった小さな一命題あたり、およそ二枚以内である。

ただし、テーマの中心は、2の「人間はサルではない」であるとするなら、その部分を増やせばよい。およそ三〇枚で2を書き、1と3はそれぞれ一〇枚という配分をあらかじめ決めておく。そうすると、1と3

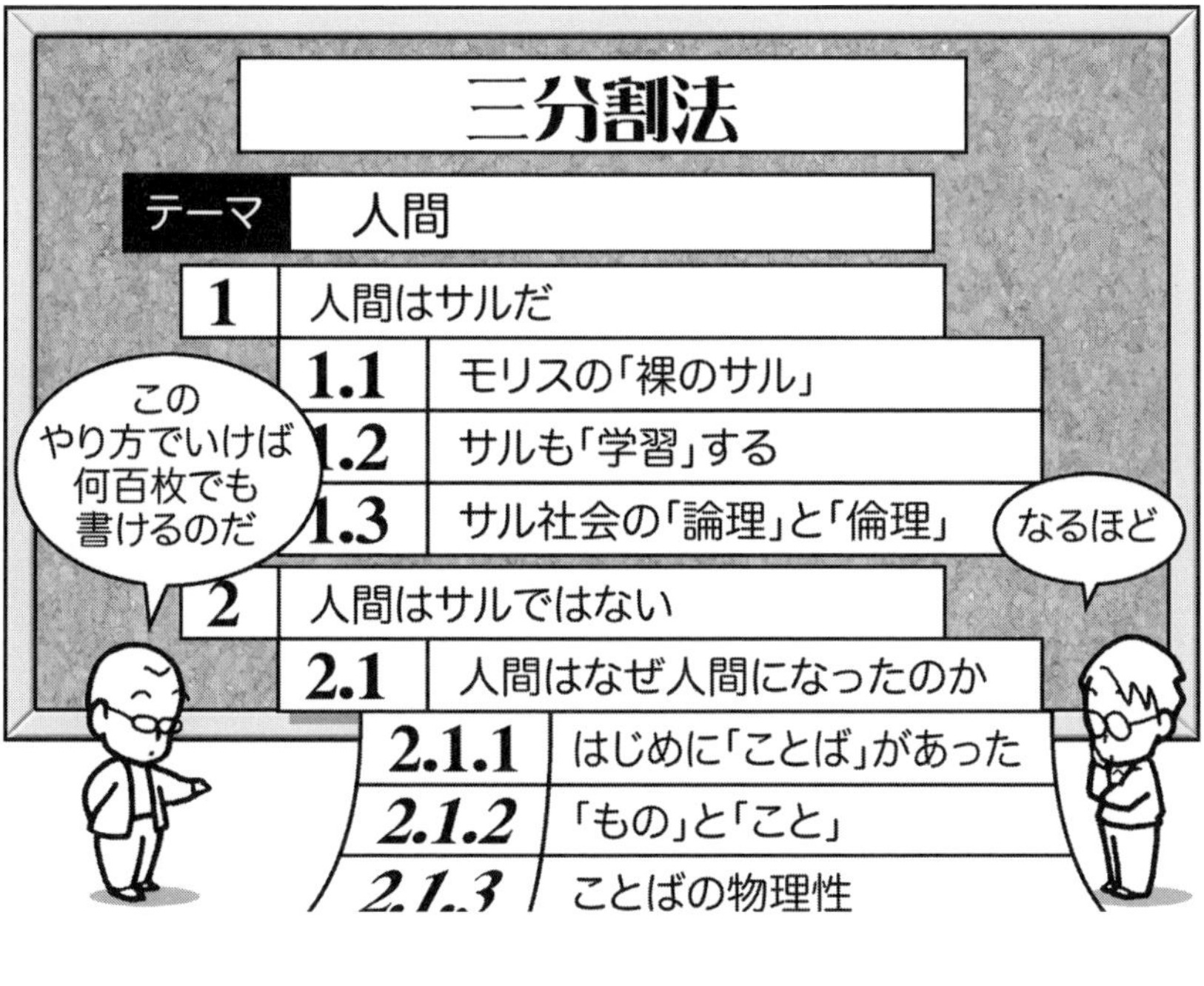

三分割法
テーマ　人間
1　人間はサルだ
1.1　モリスの「裸のサル」
1.2　サルも「学習」する
1.3　サル社会の「論理」と「倫理」
2　人間はサルではない
2.1　人間はなぜ人間になったのか
2.1.1　はじめに「ことば」があった
2.1.2　「もの」と「こと」
2.1.3　ことばの物理性
このやり方でいけば何百枚でも書けるのだ
なるほど

については、一命題三枚で書くといいことになる。2については、命題をさらに三分割して考えてみよう。その例を挙げる。

1　人間はサルだ
1・1　モリスの「裸のサル」
1・2　サルも「学習」する
1・3　サル社会の論理と倫理（日本サル学）

2　人間はサルではない
2・1　人間はなぜ人間になったか
2・1・1　はじめに「ことば」があった
2・1・2　「もの」と「こと」
2・1・3　ことばの物質性
2・2　人間は自然を超えた存在だ
2・3　人間は自然を変造する存在だ

3　人間は進化したサルではない

このやり方でいけば、このテーマで、一〇〇枚、三〇〇枚、三〇〇〇枚の論文を書くことだって可能だ。その場合、一テーゼの枚数を増やすか、より多くのテーゼに分割するかの、二パターンが考えられるが、私は、**より多くのテーゼに分割していく方法**をとることが多い。そのほうが、**平均ペースを保ちやすい**からだ。しかし、いずれにせよ、短文に分割して書くのが基本であることに変わりない。ちがいは「短文」の長さである。

三分割でなくともよい、という意見も出るだろう。それはその通りだ。たとえば三分割で書ききれないときは、つけ足す形で命題をつなげていけばいいのである。しかし、**最初はまず三分割法のトレーニングを積む・繰り返すことをすすめる**。平均ペースで進む走力を身につけて、はじめて自在な走法が可能になるのだ。

失敗を約束された書き方

三分割で書くことをすすめるのは、内容いかんにかかわらず、論文をサイズに合わせ、締め切りに間に合うように、平均ペースで書く技術を身につけるためである。

それと対象的なのが、書きたいことを、サイズも締め切りも決めずに、自由に書く、というマイペース走法だ。

例を一つ挙げてみる。

昭和四四年、**谷沢永一**（関西大学文学部教授）が四〇歳になるかならないかのころである。六〇〇字程度で、毎週書評欄に匿名の書物コラムを書け、という注文が新聞社からあった。新聞連載の場合、サイズと締め切りはとくに厳格である。この連載に、いまではコラムの名手といわれている谷沢も、悪戦苦闘の連続だったそうだ。

その連載が終わり、集めたものを、大阪の古書肆浪速書林から、私家版として刊行しようという話が舞い込んできた。できあがったのが『**書名のある紙礫**』である。こうして、日本の書物随筆史上に一頭地を抜く奇跡的な四五五篇を集めた『**紙つぶて**』（文藝春秋・文春文庫　PHP文庫）の誕生が約束された。

谷沢には、短文が似合う。谷沢は、六〇〇字という小さな世界を三分割して、広大無辺な書物案内の世界を築いた。後年、谷沢は、同じ枚数で、『**人間通**』（新潮選書）というベストセラーを書く。この作品もまた、伊藤仁斎、ロシュフコーの衣鉢《いはつ》を継ぐ傑作である。

谷沢の対極をいくのが、マルクス流や野間宏流の大作主義者である。世の中には、いつまでたっても完成しないことを誇る未完の大作もある。だが私からすればそんなものは、言葉の垂れ流しである。

短く、的確な言葉と文章で述べることをしないのは、サイズもなく、締め切りもない文章を書いたからである、というのが私の見立てである。

マルクスや野間宏は文章が下手でも、推敲を怠ったわけでもない。だが、彼らは自分でサイズや締め切りを決めることは決してなかっただろう。野間の原稿を実見した感想でいえば、原稿の文字に意識過剰の異様な霊がただよい、それだけで、人を遠ざけるような雰囲気をもっている。彼らが推敲を重ねていることは、原稿を見れば一目でわかるが、推敲を重ねれば重ねるほど、わかりにくく、複雑骨折した文章になっている。

サイズも締め切りももたない人は、**他人に読んでもらおう、という精神をもち合わせていない**のである。

「われ真理を語りき。なんじら跪くべし」という姿勢なのである。そんな「垂れ流し」の卑近な例を、私たちは「祝辞」という名の口説《くぜつ》で毎度経験しているではないか。

マルクスや野間に生じたことは、もちろん、誰にでも起こりうる、と肝に銘じるべきだろう。

3 わかりやすい日本語で書く

言葉の連なりが文章であり、文章の連なりが論文である。言葉が不分明で、文章がすっきりしていない論文など、論文ではない。

しかし、言語明瞭・意味不明瞭という言葉が示すように、言葉が分明で、文章がすっきりしているからといって、論が通っている証拠にはならない。

言語明瞭・意味不明にしないためには

①サルは動物だ　A＝B
②人間は動物だ　C＝B
③サルは人間だ　A＝C

という三段論法は、数式としては成り立つが、文章としてはおかしい。

しかし、こう書いたらどうだろう。

①身体上の特徴を比べれば、人間にあるものでサルにないものはない。
②サルにも、ある種の言語使用や道具使用が見られる。
③個体上、サルと人間は限りなく連続している。（と主張できる根拠はある。）

これなら、どうにか筋が通るだろう。「人間」と「サル」を比較して論じるための「条件」（限定）がついているからだ。

①では、「身体上の特徴」
②では、「ある種の言語使用や道具使用」
③では、「個体上」

という条件である。

文章は、つねに条件によって限定されている。裸の抽象語からできあがっている文章に見えても、それは、（前提として）条件が省略されているのである。

誰にでもわかる文章として心がけるべきなのは、文章が前提としている「条件」を意識して、**可能なかぎり、その「条件」をはっきりと明示して、文章を書くこと**ではないだろうか。

ただし、最初から、すべての条件を明らかにした正確な文章を書こうとすると、煩わしすぎる。はじめはどうしても、あるていど抽象的な表現にならざるをえない。論を進めながら、そこで用いる言葉や文章が前提している条件を明らかにしていく、という方法しかないのである。

ただし、文章が前提としている条件が、それを読む読者の知的条件とおよそかけ離れていたならば、どんなに筋の通った文章でも、読者にとっては意味・理解不明な論になってしまう。

とはいえ、読者の知的レベルに無理に合わせて書かれたものは、たいていの場合、読んでいてもつまらないし、精神が弾まない。読者に多少わからないところがあっても、読者の知的好奇心に火をつける類いの文章が望ましい。読者自身に不分明なところを調べ、意味を確認しようとする探究心を喚起させるからだ。文章としてはこちらのほうがいい。

「サルでもわかる文章」はやさしくない

今西錦司のグループ（「日本サル学」）の文章はじつ

にわかりやすい。今西は、原形をとどめないくらいに「弟子」たちの文章を直したそうだ。今西の薫陶を受けて、梅棹忠夫や伊谷純一郎らの名文家が生まれた。

名文家は美文家とは違う。平易な文章である。私がすすめたいのは、日本語の歴史伝統を受け継ぐ文章ではなく、即物的な事実を淡々と、的確に描写できる文章である。たとえていえば、西田幾多郎ではなく**今西錦司**の文章、吉本隆明ではなく**梅棹忠夫**の文章である。

もっとも、西田が論の通らない文を書いたわけではない。吉本が、明解な文章を書く場合だってある。決して私の好き嫌いでいうのではない。**初心者のモデルとなる文章**、それを踏み台にして自分なりの色香をつけうる文章ということを考えると、西田より今西、吉本より梅棹なのである。

だが、今西、梅棹調の「サルにでもわかる文章」は、書こうとすると、簡単そうで、意外にむずかしいことに気づくだろう。彼らの文章は、諂わない。いいかえれば「私」を極力前に出さないからだ。彼らの文章は、その書いたものを読んで、理解できる。リーダブル(readable　理解でき、面白い)なのだ。読んで聞かされても、よくわかる。

だが実際に彼らのような文章を書こうとすると、存外にむずかしい。簡単のように見えて、工夫がいるのだ。

たとえば、非常にむずかしい「テーマ」を、むずかしいとわかるような書き方で、しかも、明解に書こうとした今西の文章がある。

《われわれの世界はじつにいろいろなものから成り立っている。いろいろなものからなる一つの寄り合い世帯と考えてもよい。ところでこの寄り合い世帯の成員というのが、でたらめな得意勝手な烏合《うごう》の衆ではなくて、この寄り合い世帯を構成し、それを維持し、それを発展させて行く上に、それぞれがちゃんとした地位を占め、それぞれの任務を果たしているように見えるというのが、そもそも私の世界観に一つの根底を与えるものであるらしい。もっとも世界観なるものは、世界のいろいろな事象を観察し、考察するうちに、次第にできあがってくるものであって、はじめからできているものではないが、私がこれから書きたいと思うことを、私は現在私の抱いている世界観によって編集しようと思うから、まず書き出しにおいて私の世界観の一端をにおわせてみたのである。》（『生物の世界』１９４１年〔『今西錦司全集』第一巻　講談社〕）

今西が三〇代の最後、まだ無給講師時代に、「遺書」のつもりで書いた、しかも今西の最初の理論的著書の冒頭である。

この文章には、おそらく、とまどいを感じる人がいるだろう。これはたんなる随想ではないのか、と思われる人もいるだろう。「世界観」という語に躓く人がいるかもしれない。だが文章（表現）にわからないところはない。この「世界観」という言葉だって、出来合いの言葉としてではなく、ちゃんと自分で「定義を下して」（意味を決めて）用いている。むしろ、「われわれの世界」＝「生物世界」は「寄り合い世帯」だ、などというのはあまりにくだけた表現ではないだろうか、という違和感をもつ人もいるだろう。

一読、とまどいを誘うのは、今西が自前で見つけだしたテーマ（＝地球号的生物世界）を、自前の論理（＝棲み分け理論）で展開しようとするところから来ている。今西はよく「サルの身になって見る」という言い方をした。普遍化していえば、地球上に棲息するさまざまな生物は、もとは同じ一つのものから分かれたのだ、という立場で見る、ということだろう。このことを、学問的に説明するのは、いまでも、それほどやさしいことではない。「共生」などというと、なんだかわかったような気がするが、気がするだけなのだ。今西の文章は、「棲み分け」は「競争」（闘争 struggle）のないことではなく、「競争」の結果でもある、と「におわせよう」としている。つまり、**誰にでもわかる明解な文章だが、内容はやさしくない**、と宣言するのだ。

真似すべきポイント

文章を書くということは、小説、エッセイ、論文を問わず、スポットライトの当たる舞台の上に立って踊ることに通じる。誰でも普段よりいい格好でいきたがる。高揚感を必要とする。

ところが今西や梅棹の場合、その精神の高揚を極力おさえて書くのだ。ちょっと素人っぽいな、いくぶん素っ気ないな、と思わせるのが今西、梅棹調の文章である。

「サルでもわかる文章を書く」ためには、**今西や梅棹の文章を真似てみる**といい。実際に彼らのような文章を書くのはむずかしいが、それでも誰にでも真似のできる技術もある。以下、そのポイントを示してみよう。

1　一文にたくさんの主張や事実を放り込まない。**可能なかぎり、一文に、一つの主張、一つの事実、を心がける**。そうすれば、不必要に長い文章にはなることはない。

2　**妙な形の否定形を使わない**。たとえば、「彼は犯人といえなくはない」では、いかにも回りくどく、おれはおまえらの知らない事実を知っているぞ、というもったいぶった思いが透けて見える。しかし、このような表現をする人にかぎって、問いただしてみると、正確なことを知っているわけではないのだ。そうであるなら、きちんと「彼は真犯人であるとは断定できないが、その疑いがある」というべきだ。

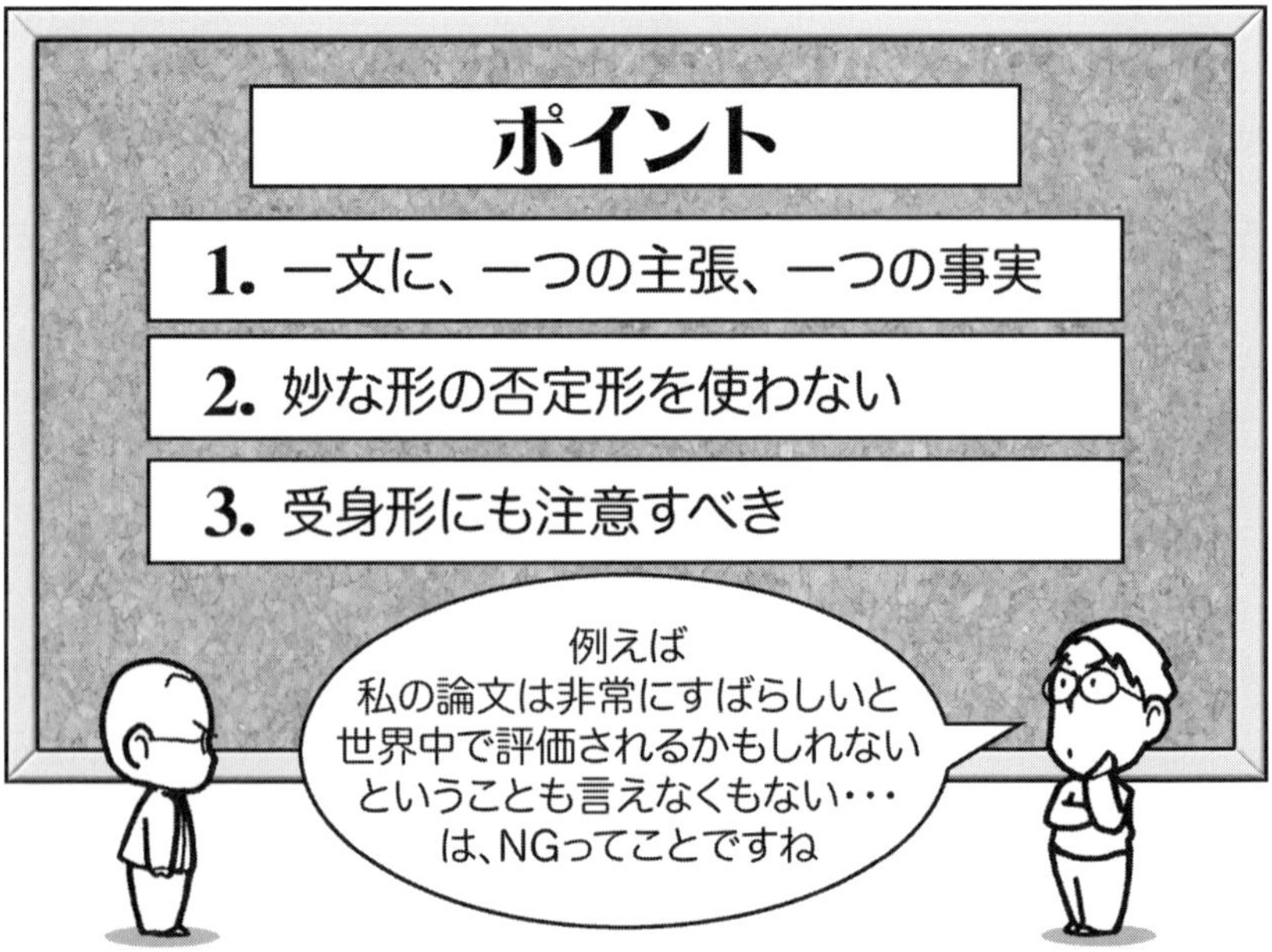
ポイント
1. 一文に、一つの主張、一つの事実
2. 妙な形の否定形を使わない
3. 受身形にも注意すべき
例えば
私の論文は非常にすばらしいと
世界中で評価されるかもしれない
ということも言えなくもない・・・
は、NGってことですね

3　**受身形にも注意すべき**である。受身形はとても便利な表現だ。だが受け身形でしか書きようのない文章をのぞけば、なるべく避けたほうがいい。たとえば、

「会社は金融破綻に追い込まれた。経営者が追われ、労働者が職を奪われた。」

というような表現は、新聞などによく登場する。「事実」はその通りだろう。しかし、会社を金融破綻に追い込んだのは誰か。どんな理由か。どんな経過か。誰が経営者を追放したのか。誰が労働者を失業させたのか。この文章からは、こういった肝心な事実が消されている。表面的には客観的叙述を装っている。しかし事実の核心は隠蔽された（意識的に隠した、あるいは、核心追求をはじめから省略した）文章なのである。

つまり、すべての文章と同じように、論文も、すっきりしていて、迅速に頭に入る文章がいい、ということになる。

文章は読む対象で変わる

第1章第6節で指摘したように、特定の専門家《スペシャリスト》を相手にする論文を書く場合であれば、専門用語《ジャーゴン》を使うことは許されるだろう。しかし、その場合でも、可能なかぎり、仲間内だけに通じるようなジャーゴンを使わないほうがいい。

論文は、どんな狭い世界を対象にしたとしても、パブリック（公的）に発表されるものである。その論文を必要とする可能性のある、できるかぎり多くの人（大衆　public）に対しても開かれていたほうがいい。

さらにより広い、一般読者を対象とする場合、表現法が読者の知識や関心に即応できるものでなければならない。ただし、大衆的で、ジャーナリスティックな論文でも、学問や調査の成果を軽視すると、とんでもない結果を招くことになる。多くの人に影響を与えるジャーナル論文は、不正確なこと、一面的なことを書くことで、大きな誤りや偏見を垂れ流すことになる。

（いい例が、朝日新聞が女子挺身隊と慰安婦を長いあいだ混同し、訂正しなかったことだ。明らかに、日本が「慰安婦問題」で国際世論から袋だたきにあう一因となった。ようやく二〇一四年八月五・六日、二二年ぶりに訂正文を出した。だがこの問題で国際世論を変

えるのは容易なことではない。)

したがって、専門的であるかそうでないかにかかわらず、いかなる論文においても、より多くの人に、正確に読まれることが重要なのである。そのためには、読者を無視してはならないが、一方で、読者の情緒的な部分に迎合するのはもっと質が悪いのだ。

つねにめざさなければならないのは、読む人の知見を少しでもクリアにし、拡大、進化させる努力である。それが論文を書こうという人間の職業倫理(professional ethics)である。

論文の主旨が理解され、より多くの人に読まれ、大きな賞賛とペイを勝ちとることができれば、これに優るものはない。

しかし、そういう華々しいこととは一切無縁であっても、調査研究を通して自分の意見を、論文という形で公表することは、やりがいのある価値＝仕事である。

さらに重要なのは、論文の内容に価値があるなら、きちんとした形で書いて公表しておきさえすれば、どんなに埋もれたままになっても、誰かが、何かの機会に発掘してくれるチャンスがあるのだ。つまり、**論文とは、未来の読者を期待できる表現方法**でもある。

そして、その未知の読者が、当の論文を発掘し、その論をさらに実りあるものへと展開してくれる、ということもある。私自身、著者としても読者としても、このようなことを何度か経験した。これは論文を書く醍醐味の一つでもある。

難解な文章が必要な場合がある

私は、難解な文章は避けるべきである、とつねに考えている。しかし、「難解な文章」を一概にすべて否定するわけではない。それが必要な場合だってある。

難解な文章(と思われる表現方法)でしか表すことのできない論文は、存在する。

たとえば、現在なら、とくに難解だ、何のことだ、と思われることも少なくなった(であろう)**ヴィトゲンシュタイン**の文章である。発表当時は、仰天ものだった。彼の論述形式がまったく新奇だったからだ。

1　世界とは、現実に生起していることのすべてだ。

2　現実に生起していること、すなわち事実とは、諸事態が成立していることだ。
3　事実の論理像［論理形式を実在と共有する像］が思想だ。
4　思想とは有意義な命題だ。
5　命題は要素命題の真理関係だ。
6　論理の命題は同語反復（トートロジー）だ。
7　語りえぬことについては、沈黙しなければならぬ。
（『論理哲学論考』１９２２）

彼は、この七つの基本命題をもとに、何人も侵すことのできない決定的な真理の思想を述べる、と断言するのである。この著作は、全編、命題集とでもよぶべきもので、過去のどんな哲学叙述と似ていない、一見すれば、思考の恣意的な断片のようでもある。しかし、ヴィトゲンシュタインにとっては、それこそが「明解」に語り、真理に到達するための最適の書き方、と思われたのである。

そして、時が経過した。ヴィトゲンシュタインの理論展開の仕方に、いまでは非常に多くの人が多くのものを負っているのである。私もその例にもれない。

新しい事柄の説明や、まったく新しい現象を正確に伝えるために、旧来の「言葉」や考え方の枠組みを使用しては不可能（だと思えるよう）な場合もある。

そうすると、その事柄や現象は、一般化するまでの一時的なことではあるが、読者にとっては表現の奇天烈さばかりが気になって、書き手が何のことをいっているのか理解不能、ということになるだろう。

このような事態は当然避けるべきである。だが書き手の側が、述べる内容を新しい造語やデザインによってしか表現しえない事柄だと考えているのであれば、やむを得ないだろう。とくに、独創性を強調したい書き手、外国の概念や考え方を日本に紹介しようとする研究者などに、この傾向が強い。

たとえば、「自然」や「人権」などという言葉も、いまでは当たり前に使われるが、もともとは明治期に、西欧思想の訳語として「造語」されたものである。当時の日本人にとっては、馴染みが薄く、まったくちんぷんかんぷんな言葉だった。

また「天皇制」という語は、「天皇制」なるものを廃止しようとした共産主義者の造語である。アインシュタインの相対性原理は「相対《あいたい》」（一対一の性愛関係）の原理と混同された。（訳書が出版されたとき、混同して、岩波書店のまわりを購入者が取り巻いた理由の一つである。）

難解な文章が、読者にとってすべて理解不能というわけではない。読者のより正確な理解をえようとして文章が難解になるというケースもあることを、知っておいてほしい。

下書きはしないほうがいい

パソコンで書くと、原稿用紙が要らない。この身軽さは、精神衛生上、とてもいい。また、パソコンで書くと、サイズの決まった文章をより簡単に書くことができる。

そして、パソコンを使うメリットで、もう一つ重要なことがある。それは、下書きが必要なくなるということだ。

下書きをしない。これは、論文に限らず、**文章をわかりやすく書くために重要な技術**の一つだ。

1　文章は、**最初から仕上がりを意識して、簡潔、明確に書く**、というようにしたい。

2　**下書きは、あくまでメモ**、著者の「心覚え」の一種だと思ったほうがいい。下書きをどんなに推敲しようと、「心覚え」というものがもっている、著者の心に向かって書くという姿勢は、なくならない。

3　論文とは、最初から読者を想定して書かれるものである。著者本人が納得すればいい自分本位のメモ的文章とは、本来的に異なるのである。

芝居には舞台稽古《けいこ》は必要である。しかし、論文は、書き手にとっての初舞台であっても、最初から聴衆を前にした本舞台なのだ、と心決めしてかかってほしい。

下書きをして、それに推敲を重ね、その上で、原稿用紙に清書する、というやり方は、時間と労力の無駄だけではなく、書くという清新な精神活動にとって、大きなマイナスである。

4　書く準備がある程度整ったら、完成稿を書くつもりで、パソコンの画面に打ち込んでいく。その上で必要ならば推敲を重ねるがいいのだ。しかし、書き始めるときはあくまで、「後で直せばいい」といういい加減な姿勢で臨むべきではない。

もちろん、先に紹介した司馬のような、パソコン嫌いもいるだろう。その場合だって、司馬のように、下書きをせずに、原稿用紙に、直接書いていくのがいいのだ。

5　結局、**「誰にでもわかる」文章は、最初からそのつもりで書かないと、書けない**のである。簡潔かつ明確であることを、最初から意識的に追求しない文章を、後から「訂正」するのは、きわめて困難で、多大の労力を必要とする。それに、どんなに訂正したとしても、最初の欠陥は容易に消えない。細かく手直ししていくぐらいなら、最初からまるごと書き直したほうがずっといい。これはわたしの経験則に基づく、重要な忠告である。

4 論文を書くための約束

論文にかぎらず、およそなんらかの意味で「公的」な文章を書く場合、そこには共通のルール、約束がある。

しかし、筆で書く時代と、万年筆で書く時代では、ルールが違って当然だ。ましてや、パソコンで書くのが標準になる時代である。それにふさわしい書き方が求められて当然である。

パソコンの画面では、普通、文章は横書きで表示される。横書きで書き、読むという感覚なのだ。縦書きでないと頭に入らない、書けない、という人はパソコンで読み、書くのに抵抗があるだろう。

日本で、新聞、雑誌、単行本をはじめ、ほとんどが縦書きである。

一方、学校、会社、官公庁に限らず、内部向けの書き物、印刷物は、ほとんどが横書きである。

縦書きか、横書きかは、単に便宜上のことではなく、表現形式としての「ルール」も互いに異なる。二〇世紀後半から、二一世紀前半にかけて、急速に進行していく情報革命の時代は、将来、文章を書く「定型」のない、「混乱」した過渡期の時代として記憶されるかもしれない。

しかし、私は、日本語の場合、縦書きも、横書きも、共通のルールで書くのがよい、と考える。もっといえば、**横書きの句点、読点、引用符などは、縦書きのルールに統一**しても、何の不便も感じていない。

また、最近では、伝統的な日本語の文章には存在しなかった**さまざまな記号**がつかわれるようになっている。それも、あれこれ多用するのは避け、せいぜい、( )、「 」、?、!、=、+、◇、・などのような、**誰にでも意味がわかる代表的なものに限定したい**。

以下では、過渡期の時代においても、最低限度守りたい、守ったほうが書きやすく、読みやすい「ルール」をとりあげてみよう。

守りたいルール

誰もがパソコンを使うようになって、これまで文章表現の基本ルールと考えられてきたものが、どんどんそうではなくなってきている。

1 段落のはじまりの一字あけ。

これは読みやすさを考えると、これからもぜひ守りたいルールである。

2 表記の統一。

ある言葉を漢字で書くか、ひらがなで書くか。編集者や校正者は、こういった「統一」にこだわることが多い。しかし、書くほうにとっても、読むほうにとっても、表記が統一されているか否かは、それほど大きな問題ではない。むしろ機械的に表記を「統一」するのは避けたほうがいい場合だってある。

たとえば私の場合、「案外《あんがい》」も「厄介《やっかい》」も、単独では使う。しかし、「案外厄介だ」とは書かないようにしている。「あんがい厄介だ」でゆく。文章を読みやすくするために、熟語ではない漢字を「可能なかぎり」連結しないことを、自分の書き方のルールとして決めているからだ。

3　句読点のルール。

句読点をどう打つかを、厳密に考えていくと、むずかしい。とくに、読点の打つ場所いかんは、やっかいだ。もともと漢文や邦文（古文）には「句読点」はなかった。欧文を参考にしてきたが、可能なかぎり「簡略」でいきたい。

①句読点の打ち方に「厳格なルールがあるかのように振る舞う人がいる。」

だが、句読点の打ち方は「時代」で変化する。正確、迅速に読むためのものだから、一律なものはないと考えてよいだろう。

私は、読み、理解するための妨げにならないかぎり、逆に、読み、理解する助けになるなら、句読点の打ち方に大きな幅をもたせたほうがいい、と考え、実践してきた。

②私はカッコ内を、「……いる」とはせずに「……いる。」とする。（編集者や校正者に訂正されるが、文の終わりを示す「。」は、大西巨人が常用するように、重要なのだ。）

③「厳格なルールがあるかのように振る舞う人が、いる。」と書いても、少しもさしつかえない、と考える。（ただし、句読点の打ち方で、文意のニュアンスが変わる。）

④「これに厳格なルールがある、かのように振る舞う人がいる。」と書くことだってある。

句読点の打ち方で、表現のアクセントが変わってくる。アクセントを変えるために、極端なまでに句読点を打つ場所を変えた、ちょっと想像を絶する例がある。

《満二十歳、彼と会うまで、私は、愚行を、かさねていた。しかし、はなはだ皮肉にも、その愚行の軌跡こそが、じつは二人の媒《なかだち》となった。奇妙な、めぐりあわせ、である。彼と密着した、それからが、私の、はじまり、だったのである。

私の人生は、多幸、であった。ひとりの、傑出した男から、ふかく、あつく、信頼された。私に寄せる信と情に、開高は、限界を、設けていなかった。人が、人を信じうる、その涯《はて》を、きわめるかのごとくであった。私のすべてを、まるごと、肯定した。

それゆえ、彼は、私に、期待した。それは、彼の眼が、情によって曇っているためであったが、終生、それを、拭《ぬぐ》おうとはしなかった。私は、彼に、ささえられた。最後の、心の、拠りどころ、であった。彼の、視線を、思いおこして、気を、たてなおすのが、常であった。

開高が、なぜ、私に、愛着したのか。それは、ついに、わからない。彼の知遇に、私は、値《あたい》しない。にもかかわらず、彼は、私を、必要とした。至幸である。私は、開高健に、必要とされた。これ以上の、喜びは、ない。私の人生は、満たされた。恵を、受けた。謝すべきである。

その、開高健が、逝った。以降の、私は、余生、である。》（谷沢永一『回想 開高健』1992年）

これは末尾におかれた文章で、それまでのトーンが一挙に転調する。無二の親友を失った悲しみと、親友からえた信と情に対する喜びが激しくぶつかっているさまが如実に現れている。その感情に押されて、谷沢は、句読点を打ってゆく。しかし、私には、谷沢が、唱っているように感じられる。節を、言葉を区切ってだ。

4　句読点には、**補助記号**として、「　」、『　』、（　）、〔　〕、？、！、……、——などもある。
また、横書きの文章では、.（ピリオド）、,（カンマ）、:（コロン）、;（セミコロン）、-（バー）、“　”（欧文用コーテーションマーク）が用いられる。

横書きの記号を、縦書き文で使う人がいる。やめるべきだ。

5　**数字**

①たとえば日本語で年月日を表記する場合、「昭和三十五年三月二十五日」が正式な表記だといわれる。
しかし、私は、吉本ばななのように、「昭和35年3月25日」と書いても、「昭和三五年三月二五日」でもかまわないと考える。
②それにしても、年号表記は重要だが、グローバル時

代である。西暦を第一に、年号を第二にしてもいいのではないだろうか。一九六〇（昭和35）年三月二五日と書くようにだ。私はなるべく、特別な場合を除いて、西暦を主に書くことにしている。

③わたし自身は、特別の場合を除いて、数字は「三千八百五十五」と書かずに、たんに「三八五五」と書く。ただし、「五五三八六二二三四五」とは書かずに、「五億五三八六万二二三四五」と書く。読みやすくするためだ。

④数字である。「第一歩」は「第1歩」では困るという人がいる。私もそう思うが、「第1歩」と書く理由があるなら、それも否定しない。

数字は、読みやすく、理解しやすく、が基本である。

すすめたい書き方のルール

以上に挙げた以外にも、書き方のポイントはいくつかある。

1　**接続詞**は、よほどのことがないかぎり、**ひらがな**で書くのがいい。

2　**漢字は大いに使う**がいい。それが自在にできるのが、パソコンで書く利点でもある。ただし、多すぎると、読みにくい。そして、漢字で表記したいが読みにくいと思われる漢字には、忘れずにふりがな（読みがな）をつけるようにしたい。また同一漢字でも、「相対」は〔そうたい〕と〔あいたい〕では意味が異なるからでもある。

3　ひらがなが多すぎる文章は、読みにくい。

梅棹の文章が、ときによみにくくかんじるのは、あまりにひらかなが、おおすぎるからだ。

4　**句読点はこまめに打つ**。

5　**改行はまめに**する。

6　**見出しは多めに**つける。

これらを実行するだけでも、ずいぶん読みやすい文章になる。2と3をのぞいて、どれも梅棹忠夫から学んだものだ。

パソコンで書くルール

以下は私の経験則で、活用すると便利だ。

1　**一行四〇字で書く。**

もともとパソコン（ワープロのテキスト形式）の画面表示は一行四〇字を標準にしている。四〇字にすれば、字数計算も簡単だ。また、単行本の一行も四〇字前後であることが多いので、何かと便利なことが多い。（原稿用紙は一行二〇字である。四〇×一〇行で四〇〇字＝一枚だ。）

2　**文字や文章に不必要な「飾り」をつけない。**

文字を大きくしたり、書体を変えてゴシックにしたりするのは、編集や造本を考える上では、必要なことかもしれない。しかし、原稿を書く段階では、見た目ではなく、文章力だけで読ませる、理解させる、ということに力点をおこう。

傍点もできれば慎んだほうがいい。

3　したがって、パソコンを使う場合、**テキスト形式で書くこと**を原則にしたい。

そうすれば、データ保存も、メールでやりとりするのも、簡単である。

ルールをできるだけ少なくすることによって、誰もが共通のルールで書く、読む環境をつくっていくこ

とが、これからの時代には重要である。（二〇字四〇行の原稿用紙で最初に書いたのは頼山陽といわれる。『日本外史』の作者だ。）

文書を整理、収納する

すでに書いた文書や、現在書いている途中の文書をどのような形で整理し、保存するかは、一般に考えられている以上に、重要な問題である。

自分の文書であっても、紙に印刷されたものと、パソコンで再利用できる形で保存されたものとでは、まったく意味が違う。

印刷物は、自分の手から離れたものである。「ボディ」（モノ＝死体）である。デジタル化して保存されたものは、自分の手の中で自在に加工可能である。まだ生き続けている、成長可能な文章ということだ。

以下に挙げるのは、**文書の整理と保存**について、私が試行錯誤のすえに達した経験則だ。

まず、文書は、原則として、**書いた時間順に収納するのがよい**。野口悠紀雄がいうところの「超」整理法である。

ただし、私は、さまざまな変移はあったが、次のような補助ルールで、整理、収納してもいる。

1　全著作（ワープロ時代から書いた文書のすべて）をテキスト形式で、ハードディスクとメモリーカード（USBスティック）で保存している。

2　文書全部を各年月日別のテキスト形式でフォルダ化している。

3　各年ごとの文書を、「エッセイ」（長短の論文を含む）、「講義」、「講演」、「ノート」、「手紙」、各単行本別に分類する。

4　3の部分は一般化する必要がないかもしれない。しかし、年間に、単行本一〇冊、エッセイ類長短あわせて一〇〇本、講義一〇〇回分のレジメ、という仕事を正確かつ迅速にこなすためには、必要な措置であった。

5　メールでやりとりする文書についても、必要なものは、フォルダ化する必要があるだろう。ただいまのところしていない。（ただし、全文書は、つねにハードディスクに自動保存される。）

これらのルールに特別なものはない。一にも二にも、自分の文書をできるだけ検索しやすい形で保存するためのものだ。

このなかでとくに重要な点は、自分が書いたすべての文書をハードディスクとメモリーカードに保存していることである。それさえできていれば、自分の文章を再利用する可能性は無限に拡がってゆく。

5 論文に不可欠な「付録」

論文には、本論の他に、いくつかの「付録」が必要だ。それらには、一定の書式（表記のルール）がある。

これを無視したり、大きく外したりすると、編集者や読者に、論文の価値を頭から否定されることがある。

ここでは、必要不可欠なことだけをとりあげ、説明しよう。

参考文献と引証資料

参考文献や引証資料は、出典を明記する習慣をつけよう。

明記する場所は、論文全体の末尾、各章の末尾、文献や資料を「引用」した箇所、の三つが原則である。

明記方法には、一定の決まりがある。いくつかあるパターンの中では、梅棹（忠夫）方式が、項目に漏れがなく、必要十分条件を満たして、もっともよいと思われる。

①邦文の場合

論文なら、

梅棹忠夫（著）「文明の生態史観序説」『中央公論』二月号　第七二年第二号　第八二二号　三三一―四九ページ　一九五七年二月　中央公論社

著書なら、

梅棹忠夫（著）『文明の生態史観』（中公叢書）一九六七年一月　中央公論社

論文の場合が詳細すぎるようなら、

梅棹忠夫「文明の生態史観序説」(『中央公論』一九五七年二月　中央公論社)

といった省略形でもいい。私も実際には省略形がほとんどで、それで特に支障はない。

ただし、参考文献でもデータベース化することを考えるなら、必要十分条件で記すのがより望ましい。発表の形態にも応じて後から項目を削除するのは簡単である。が、はじめから省略形で書いてしまうと、後から必要十分なデータをつけるのはかなりやっかいだ。

②欧文の場合

論文なら、

F.A.Hayek, "History & Politics", *Capitalism & the Historians* ed. by Hayek,London,1954,pp.3-29 esp.19-21

F・A・ハイエク「歴史と政治」、『資本主義と歴史家たち』(ハイエク編)、ロンドン、一九五四年、三―二九ページ、とくに一九―二一ページ

著書なら、

Chomsky, Noam, *Aspect of a Theory of Syntax*, Cambridge, M.I.T.Press,1 965, pp.XX-252

ノーム・チョムスキー(著)『文法理論の諸相』、ケンブリッジ、MIT出版、一九六五年、XX―二五二ページ

いずれの場合も、著書の部分はイタリック体で表記するのが慣例である。書体を変えられないときは、下線で示してもよい。

参考文献や引証資料は、本論の内容やレベルに適応したものを挙げるのがよい。これは重要なマナーであり、書き手の見識が問われる部分でもある。仲間内のもの、すでに歴史的使命を終えたもの、ましてや、謬見と偏見に満ちた低レベルのものを引用したりすると、それだけで論文の価値をなくしてしまう。

注

注の付け方はさまざまだ。パソコン時代にはそれにふさわしい注の付け方があっていい。行外に注記号を

打つのは、パソコンでは作業としては煩わしい。ここですすめるのは、次のように、同一の行に打つやり方だ。

……ということだ（＊1）。

それでも彼は、……「芥川の自殺」（＊2）を支持した。

注は脚注の場合も、節末、章末、巻末に置く場合も、

（＊1）

（＊2）

と列挙していく点は一緒である。注において引用、参照文献を挙げるときは、その表記のしかたは前項と同じである。

論文を書く人の中には、本文よりも注で勝負しようとする人がいる。また、稀ではあるが、注を最初に読む人もいる。

いろいろなやり方があっていい。しかし、「注」形式はなるべく控え、本文のなかに繰り込んで書く、ということを原則にしたい。「注」も本文なのだ、という意識でいきたいからだ。

注のない文章、引用が明示されていない文章は、なんだか頼りない、信用できない感じがする。これは確かだ。また、注がないと、論者の研究がどこから出てきたのか、どのような意見に依拠しているのか、がわかりにくい。その研究が、書き手自身のオリジナルなものなのか、既存の研究のたんなるコピーなのか、が判断しにくい、という面もある。

だが、そのようなデメリットがあるのを認めつつ、私自身は、「注」を本文の中に繰り込んで、「本文」主体で勝負をする、というのを、自分のやり方にしている。

索引

索引には、**事項索引**、**人名索引**、**書名索引**などがある。

1　事項索引をつけるのは、かなり難しい作業だ。どの事項を入れるか、の判断が問題になるからだ。それに比べれば、人名、書名索引は、ほぼ機械的に拾って

ゆけばいい。比較的簡単にできる。
2　索引をつくるのは手間がかかる。だがつける習慣を身につけたい。単発の論文の場合、普通、索引はつかない。だが、索引のあるなしで、論文の利用度はかなり違ってくる。索引の替わりに、目次を詳しくするとか、巻末の文献目録をつけるというやり方もある。
3　文献目録であれば、各文献の末尾に、その文献に関連ページを打っていけば、索引の代用になる。
4　著書の場合は、よほどのことがないかぎり、索引はつけるべきだろう。
　パソコンの検索機能を使えば、事項、人名、書名にかかわらず、索引の作成はさほど困難でなくなった。
5　索引は、読者のためばかりでなく、著者本人にとっても利用度の大きいものである。
　索引があれば、自分の論文が、たんなる研究の成果にとどまらず、これからの研究や仕事の「元本」となりうる。自分の論文であれば、自由自在にどれだけ利用しても、誰からも文句がこない。
6　とくに、コピー（複写）が自在なパソコンの場合、索引があると、即座に自分の文章が引証でき、数倍のスピードで仕事ができる。

献辞

献辞も重要な付録の一つである。

　ここでいう献辞は、かつて、著者が自分のパトロン（王侯貴族）に捧げたというような麗々しいものを指してのことではない。

　また、単行本の冒頭に、あるいは、論文の末尾に、形式的に掲げられる献辞を指してのことではない。

　私が重要だというのは、きちんとした形で、謝辞を表する文章のことである。もちろん、どこにおかれてもかまわない。

　献辞などという儀礼的なことをする必要はない。献辞は、阿諛《あゆ》追従《ついしょう》の一種にすぎない、という意見にも一理ある。

　追従に類するくだらない献辞も確かにある。しかし、自分の勉強や研究、そして仕事を支え、励まし、導き、協力してくれた人たちに、ささやかながらも、感謝の気持ちを贈るのは、自分を誇ることでも、追従することも意味しない。

学恩がある。書物恩がある。執筆恩がある。編集恩がある。それぞれにふさわしい形で、言葉を用いて感謝を表明するのが、どうしていけないわけがあろうか。

学問・研究にせよ、仕事にせよ、独力でこなせるにこしたことはないが、自分一人の力でできることというのは、自分で考えているより、ずっと小さいものである。

逆に調査・研究、執筆や出版でひとかたならぬ世話になりながら、謝辞の一つも贈らないばかりか、できあがった論文や著書さえも贈らない人間は、どこか、研究者、仕事人としても欠陥があるのでは、と思ったほうがいい。

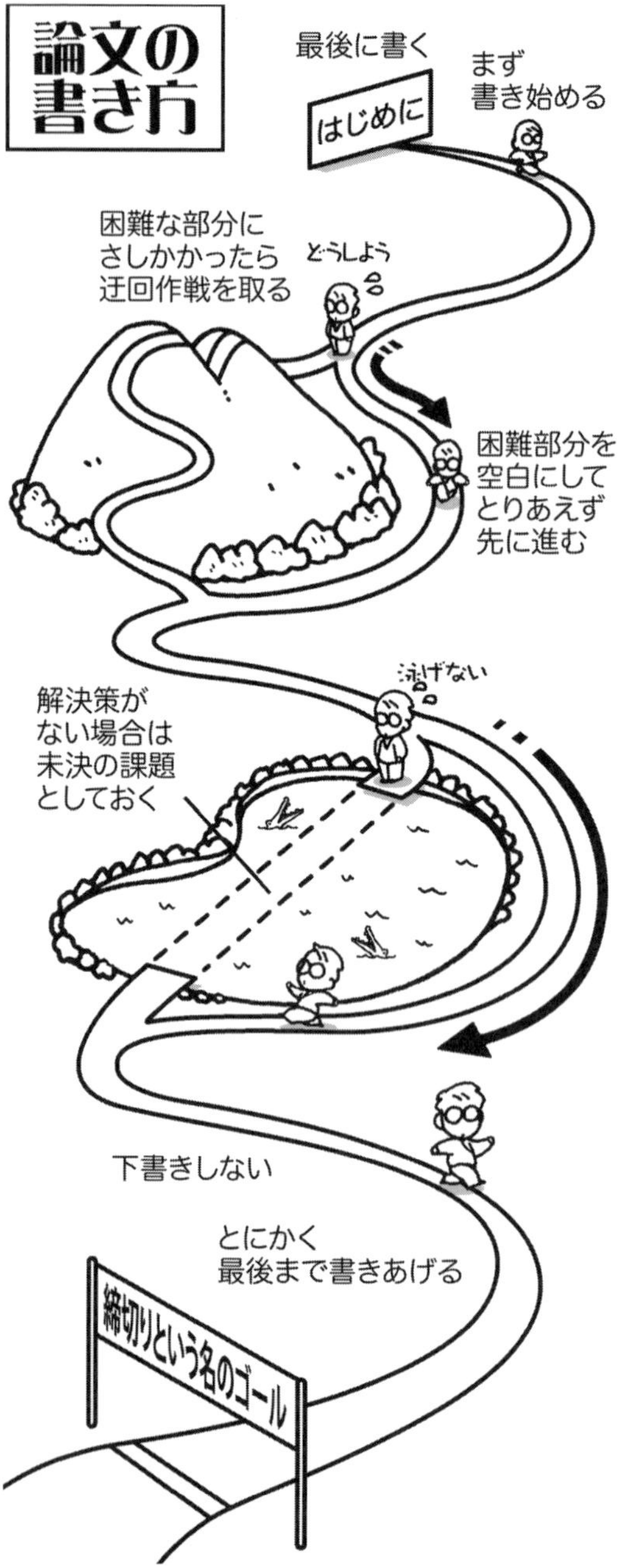
論文の書き方
最後に書く
はじめに
まず書き始める
困難な部分にさしかかったら迂回作戦を取る
どうしよう
困難部分を空白にしてとりあえず先に進む
泳げない
解決策がない場合は未決の課題としておく
下書きしない
とにかく最後まで書きあげる
締切りという名のゴール

第4章

書いた論文を発表する&論文のアフターケア

どういう発表の方法があるのか？　発表後にするべきことも多い

1 発表する媒体

論文を書くのは、発表するためである。

自分の心覚《メモ》えのために書く論文もあるだろう。しかし、実際には、発表する場がないから不本意ながら「心覚え」にとどめているというケースが多いのではないだろうか。

論文を発表する場所は、一般に考えられている以上に大きな意味をもっている。

有力誌に掲載されたら、論文に「権威」がつく。

たとえば『文藝春秋』のように発行部数の多い雑誌に載れば、多くの人の目に触れる。朝日新聞や読売新聞の全国版に掲載されれば、さらに多くの人の目に触れるだろう。論壇時評の対象になるかもしれない。その上、原稿料を手にすることができる。つまり、名誉も、社会的評価も、金も手にはいるわけだ。

しかし、本書が主題にしている論文においては、残念ながらというか、当然というべきか、**以上の三つのものは考慮されていない**。章のはじまりにあたって、そのことをまず確認しておきたい。

発表する場所によって、論文の種類や、書き方など、論文の性格は変わってくる。たとえば学会誌は、特別の場合をのぞいて、時事論文は載らない。自然科学雑誌に、政治論文を載せて悪いという決まりもないだろうが、掲載許可はまず出ない、以下では、このあたりの大まかな事情を述べてみよう。

1　研究誌

大学や研究所や学会の紀要（bulletin　研究誌）は、専門の研究者が書き手であり、同時に、読者である。研究誌は、研究対象の範囲、内容、投稿・執筆要綱の大枠があらかじめ決まっている。

内容は、論文、解説・紹介（commentary）、論評（review）、コラム（column）などからなる。

それぞれの雑誌には編集委員会があって、投稿された論文について、掲載の判定をおこなうのが通常だ。これをレフリー制度という。

研究誌は、市販されることがほとんどない。研究誌を取り寄せるには、大学や研究所、学会の所在を調べ、事務局や関係者に、直接問い合わせる他ない。

執筆資格は、それぞれの雑誌が定めるメンバー（大学教員、研究所員、学芸員）に限られている場合がほとんどだ。だから、大阪大学の教授が、札幌大学の紀要に書くことはなく、トヨタの研究所の紀要に、日産のエンジン開発部の研究員が書くなどということはない。

しかし、学会でも比較的オープンなものは、既存会員の推薦者がいれば、一般の人や外部の人であっても会員になれることがある。そこでしかるべく学会活動をし、研究発表するなど実績を積めば、その学会誌に論文掲載のチャンスは出てくる。

2　「ジャーナル誌（紙）」

この分野は多種多彩である。

店頭にならんでいるものは、自分で手にとって実見してみるといい。どんな傾向の論文が掲載可能であるか、おおよその見当がつく。

日刊、週刊、月刊、季刊等、掲載サイクルも多様である。

研究誌と異なって、掲載基準も緩やかで、その分、ビジネスや「流行」中心で、ご都合主義的傾向もある。「投稿」論文が採用されるのも、内容いかんにかかわるが、考えられているほど掲載困難ではない。

特定の店頭にしか並ばないジャーナル誌がある。ほとんどがミニコミ誌だ。しかし、内容はかえって充実しているものもある。ミニコミで発表するチャンスは、予想されているより、ずっと多い。

ミニコミから、広報誌、業界誌等、コピーを自分で製本したような手作りタイプから、豪華なカラー印刷のものまで、体裁もさまざまである。

編集者は限られた人数で、一人で作っていることも少なくない。投稿規定もなきに等しい雑誌はかなりある。こういう場所で腕を磨くという手もある。私もずいぶんお世話になった。

しかし、どんなに立派に見える雑誌でも、避けたほうがいい媒体がある。例えば特殊な業界誌だ。この手の雑誌は、広告代という形で、企業から「黒い」金を引き出すための「道具」なのだ。掲載される論文のほとんどは、その絡みの内容である。したがって、そこに掲載されると、どんなに内容が充実していても、「まがい物」とみなされる。この手の雑誌も数は多いから、注意すべきである。

官庁や市町村で出している広報誌や一般向け雑誌も、バカにならない数だ。「特集」などを組む場合、内容も充実していることがある。しかし、あくまで一般「市民」向けの「読み物」をめざしているから、論文掲載にふさわしいものはほとんどないだろう。

3 著書

著書には、内容によってではなく、出版形式による違いがある。

①流通機構（トーハン・日販などの取次）を通して**全国配布されるもの**。全国の主要書店にならぶ。

②流通機構を通るが、少部数しか配布されないもの。**専門研究書**は、大部分がこれにあたる。私の著作は、処女作以来一五年、ほとんどこの部類に属した。

③**特定の地域**しか流通しないもの。トーハン・日販を通らない、地方小出版社から出るものが多い。私もよく調べずこのカテゴリーから出版の注文を受け、絶版の憂き目にあったことがある。

④**自費出版**。出版にかかった費用を全額支払う。一部を支払う。流通される場合は、売れた分については多少は印税が支払われる。二刷以降は印税が支払われる。

等々形式はさまざまである。

自費出版だからといって、論述の内容がかならずしも劣るわけではない。処女作を自費出版でだした人は、私の知っているかぎりでも、かなりの数に上る。自費で出した処女作が、代表作になる場合だってある。

著書の出版を希望する場合に、どの形式がチャンスとしてよりねらいやすいか、ということを判断するのは簡単ではない。それぞれに、何をもって「売れる」とするかの基準が異なるからだ。

①の場合は、五〇〇〇部出して、二〇〇〇部しか売れなかったら、大赤字になる（だろう）。

②の場合は、一五〇〇部でも採算がとれるが、実際にはその半分を売るのさえむずかしい。

③の場合は、五〇〇部売れるだけでもいい。しかし、この場合も、購読者数が限られている上に定価が高いから、その半分の売り上げ部数でも消化しきれない。

もっとも簡単なのが、④「自費出版」である。自前で出版費用、販売費用を出す方式である。

自費出版は、費用さえ都合がつけば、誰にでも可能であるから、内容上、安易なものが多くなるのはやむをえないことだ。

しかし、自費出版といえども、内容のしっかりしたもの、優れた水準に達しているものもある。私は、**力作ならば**、あるいは、**緊急なテーマをあつかったものなら、自費出版をすすめる。**

現在の出版界で、実績のない人、処女作を出そうという人が、出版のチャンスを手にするのはきわめてむずかしい。発表する手段がない場合は、自費出版で、自らの作品を世に問う、という姿勢が重要になる。もちろん自費出版には費用がかかる。注意したいのは、自費なのだ、自分好みの手作り《ハンドメイド》感がいい、という意向を可能なかぎり控えることだ。素人丸出しの本が出来上がるからだ。

4　同人誌

大学や研究所で発表する機会をもちにくい人は、同人誌（a small [private] magazine〔published by a group of like-minded people〕）をつくって腕を磨く、という

のが昔から、ものを書く世界の常道であった。パソコン時代になって、編集・印刷の点でも、費用の点でも、格段に同人誌を出しやすくなった。

私もこれまで、大小さまざまな同人誌にかかわってきた。直接関わったのは、

大阪大学学生唯物論研究会編『唯物論』、大阪唯物論研究会編『知識と労働』（季刊）、大阪唯物論研究会哲学部会『季報・唯物論研究』、思想理論誌『クリティーク』（季刊）、『北方文藝』（月刊）、『小説壱號』（〜参號）、『妖』等である。けっして少ない数ではない。

同人誌で、書くことだけでなく、編集、販売等のさまざまな書物に関する実務、ビジネスを教わってきた。それらは、自分の執筆活動の大きな糧にもなっている。

ただし、同人誌は、どうしても閉鎖的になる。発表する論文も、内容・形式ともに、自己中心主義的になりがちだ。また、掲載基準や編集も、自前だからというので、安易になる。

しかし、この点をクリアすれば、学界や業界のセクショナリズムや利害関係と無縁な、自由で闊達な研究、執筆活動を保障してくれるのが、同人誌である。

同人誌で必要なのは、競争相手である。私には、願ってもない競争相手がいた。切磋琢磨する相手がいないと、同人誌の、そして、自分自身の論文作成能力の水準は上がらない。

もう一つ注意したいのは、同人誌は、意外と人間関係がむずかしい、ということだ。長く続く友人関係と長く続く同人関係とは違うのだ、と了解したい。「継続は力だ」は同人誌にはふさわしくない、と思ったほうがいい。

5　個人誌

個人誌も情報社会の進展のなかで飛躍的に増大した。「ネット」上でさまざまな媒体が登場しつつある。意見発表がじつに簡便になった。

だが出版形式が私的《パーソナル》・簡便《イージイ》であればあるほど、論文の内容と形式を、公的《パブリック》、標準的《スタンダード》にする努力が必要だ。個人誌に書いた論文を、そのまま学会誌やジャーナル誌に載せることができるような水準を維持する努力である。

ウェブサイトのブログの大半は、現在、私的言語の交流媒体になっている。しかし、ここでも、公的な共通言語の交流媒体をめざすべきだ、と私は主張したい。

研究誌やジャーナル誌には、好むと好まざるとにかかわらず、一定の枠《リミット》づけがある。個人誌にはそれがない。自分で枠をはめるしかないのだ。ここでイージーゴーイングを捨てて、研究調査と論文作成に励むことができれば、どんなハードワークにも耐える力がつくとうけあってもいい。

掲載媒体の種類によって、論文は内容や形式の拘束を受ける度合いが異なる。人は、自分の書いた論文を容認する媒体に掲載許可をえようという発想になりがちだ。そのいきつくところが個人誌である。

しかし、「こころがけ」としては、その逆をいくことをすすめたい。媒体の種類にかかわりなく、つねに全力を挙げて準備し、自分の書く能力を十二分に発揮しようとする努力を惜しまないことだ。

だれのどんな論文であっても、「個人」(individual)の産物である。個人とは「分割」(divide)できない独立存在(この私)のことだ。掲載されるのが、一流誌であろうが、個人誌であろうが、書かれたもの(論文)は「この私が制作した」ものである。その水準に違いがあっていいわけはないのだ。

2 論文のアフターケア

論文は、書いて、掲載され、読者や研究者からの反響をえて、それで終わりなのではない。

論文を書き上げることは、最終ゴールに達したことを意味しない。むしろ、**論文は、書かれ、発表されてから、「生き」はじめ、「成長」する**のだ。こう思いたい。一つの論文は、新しい「こども」(論文)たちを生み、育てることまでするのである。

生み出した「論文」が成長を遂げるためには、当然、アフター・ケアが必要になる。これをするかしないかで、**論文を書いた価値がずいぶん違ってくる**。

私が論文を書き始めのころ、おおよその消費時間を対比させてみると、準備に一〇、執筆に三、原稿整理に三、費やしたエネルギーを冷ますのに五〜六を必要とした。

論文を書くためのハードな生産活動は、後遺症として、疲労とともに、異常な興奮状態をもたらすことが多い。私の場合、疲れているのに、頭の芯が痺れた状態になり、不眠に陥った。他の仕事に手が着かない。ほとんど躁鬱状態になった。

論文作成でこり固まった精神がほぐれるまでの間、途切れなく、ああも書けばよかった、こうも書けた、という思いが押し寄せてくる。そうすると、躁からどんどん鬱の状態におちこんでゆく。そのような状態が、おおよそゲラ刷が出るまで続いたものだ。そして、原稿を郵送してから、ゲラが出るまでの時間が、また長いのである。

しかし、そんな興奮状態も、時がたてば薄れる。ちょうど初校のゲラが郵送されてくるころ、あんなにも自分の精神と一体だった論文が、わが身から離れて、客体物となり、冷静に見ることができるようになる。とくに、研究論文の場合、掲載誌が年報だったりすると、とっくに忘れたころ、初校が届いて、それから、二校、三校、責任校と続く。

論文を書き始めのころである。初心者の心理というのか、論文が印刷物になってしまうまで、次の論文制作に移ることができなかった。乳離れしてくれないのだ。たとえ十分に書ききったと思えた論文でさえ、ああ書くべきだった、こうは余分だった、と書き残したテーマが次々に現れてくるのである。

これへの対し方には二つある。

一つは、一度書かれたものは、その時点で著者の手を離れたのだから、もうその論文を気にすることはやめて、ゆくにまかせよう、という姿勢である。（初期段階で、これはなかなか難しい。）

もう一つは、確かに、書かれたものは、著者の手を離れたものである。変更不能だ。だが積み残しや訂正すべき課題が現れた。ならばその課題とじっくりつきあってゆこう、という姿勢である。

どちらの姿勢が正しいということはない。どちらを選ぶかは、書く人の性格による。しかし、私がよりすすめたいのは、後者である。以下にその理由を述べてみよう。

後から集まってくる関連必要資料

論文を書く準備をしているとき、実際に書いているとき、関連必要資料が思うように集まらず、執筆延期をしたほうがいいのではないか、という思いに駆られることがしばしばある。

ところが、皮肉なことに、書き上げて、原稿の整理段階になると、少しずつ、資料が、文献が集まり出すのだ。それらをそのつど読むと、すでに書き上げられた原稿に訂正やら、補足が必要になり、整理時間がどんどん延びる、ということになる。

ゲラが出て、二校、三校と進むころになっても、これも使いたかった、あれは使うべきだったという材料が、増えてくる。しかし、その期に及んでは、もう、最低限度の加筆訂正しか叶わない。

論文が活字になって出るころには、未使用の重要資料が無視できないほどの数になっている。

さらに論文が活字になって研究者、読者の手に届きはじめると、未聞、未見の資料が、同じテーマを研究している人たちから送られてくる。

論文や著書が読まれるに値するものであればあるほど、「あなたの論文を拝見した。私の研究等の参考になった。しかし、あなたが触れなかったこんなテーマがある、こんな文献は知っているか」という、質問、疑問等が舞い込んでくる。

論文を書き、公表するということは、このような結果を引き寄せるということをも意味する。もちろん、どんな反響もこないことがある。それでも、関連資料はどこからか、耳に、目に、入ってくる。

先にも述べたが、ここでも、私は、強くいいたい。**論文を書いた後**に、耳にし、目についた**関連資料**を、もう無関係になったのだからと拒絶せず、**可能なかぎり収集しておくべき**である。集めておくだけでいい。それがむずかしい場合も、資料の存在をリストアップするぐらいはしておこう。

書庫に資料を集めると、否応なく目に飛び込んでくる。手に触れる機会もでる。そういったことから、おのずと、**新しいテーマが誕生する場合もある**のだ。

書き残したテーマをどうするか

論文はすでに仕上がった。もう二度と使う可能性のない資料を集めるなど、手間も費用も無駄ではないか。こう考える読者もいるかもしれない。

しかし、このアフター・ケアをするかしないかで、**たんなるライターが生まれるか、作家《プロ》が生まれるか、の分かれ道**になる、といっても過言ではない。

論文を書くと、どれほど広く深く論究しても、否、広く深く論究すればするほど、書き残したテーマが生まれるものだ。書き終えた直後に生まれる場合もあれば、数年後にポッと生まれる場合もある。

私の経験則では、一冊書くと、続いて関連するテーマで二冊~三冊を書かなければならない羽目になった。たとえば、

①処女作『へーゲル「法哲学」研究序論』(一九七五年)の後に、『マルクス・法哲学批判序説』(一九七八年)『哲学史の可能性』(一九八〇年)

②『唯物史観の構想』(一九八三年)の後に、『哲学の構想と現実』(一九八三年)『イデオロギーの再認』(一九八五年)『スピノザの方へ』(一九八七年)

③『昭和思想60年』(一九八六年)のあとに、『天皇論』(一九八九年)『吉本隆明論』(一九九〇年)『いま社会主義を考える』(一九九一年)

④『大学教授になる方法』(一九九一年)の後に、『大学教授になる方法・実践篇』(一九九一年)『現代知識人の作法』(一九九五年)『大学〈自由化〉の時代へ』(一九九三年)

のようにだ。これは二〇一四年の現在も続いている。

論文を書いた後、テーマがより大きくなろうと、より焦点が絞られるものになろうと、アフター・ケアのあるなしでは、その後の生産性に大きく影響してくることが、私の例からもわかるであろう。

書くということには、妙な習性がある。「処女作」のまわりを回り続けるという性癖だ。その意味で、作家は終生処女作を乗りこえることができない、といわれる。だが、処女作のまわりを存分に回らないと、処女作の限界を乗り越えることができない、といいたいのだ。

書き残したテーマ、集まってくる資料、それをもとに新たに、二本、二書というように書き尽くして、はじめて次の新しい課題に全身で向かう環境が整う。一つのことにエネルギーを使い切らないと、次の新しいエネルギーが湧出してこない。これが知的活動の特徴なのではなかろうか。

書いたものの意外な成長と展開

司馬遼太郎の出世作は、直木賞を取った『梟の城』(一九五九年)である。のちの司馬歴史小説とは違って、「伝奇」性の強いものである。この小説で、司馬は、当時の忍者ものブームにあずかって、「忍豪」作家のレッテルを頂戴した。(本人にとってはありがた迷惑なレッテルであったろう。)

ところが、のちに幕末ものとならんで数多くの作品を生む舞台となった、戦国末期から江戸初期までの司馬作品群の「原型」全部が、『梟の城』に含まれているのである。『国盗り物語』も『新史太閤記』も『播磨灘物語』も、『梟の城』という荒々しい鉱脈から掘り出された逸品である。

私たちは、鉱脈(歴史の蓄積)の中へ坑道を掘り進むことで、求める鉱物を手に入れる。ものを書くとは、歴史が与えた鉱脈を掘り進むことである、といっていい。

その鉱脈は優れた先人の業績として贈られる場合もあるが、私たちは、自分が掘り進んだ坑道のなかに、自分の手で新しい鉱脈を探り当て、さまざまな新鉱物を手にする場合がある。つまりは自分の作品から、新しい作品を生み出す、というわけだ。新しい論文を生む源泉は、自分の論文にある。これが論文が成長するということの第一の意味である。

第二は、書かれたものは、読まれたり、参照されたり、翻訳されたりすることで、成長する。批判され、罵倒されることで成長する場合もある。

すべて新しいものは、珍奇である。はじめは、淫祠邪教の類の取り扱いを受ける。しかし、本当に新しく、価値あるものは、時間がたてば、正当に陽の目を見ることができるのである。それほど大げさでないまでも、書かれ、きちんとした形で発表されたものは、他者によって発見され、引き継がれるものなのである。（そうでなければ、不運と諦める他ない。）

マルクスは自分の学説が世にもてはやされるようになったとき、「私はマルクス主義者ではない」といった。つまり、自分の意見、論、書物が、矮小化され、誤解されて、人々に流布されているのは、許し難い、という感情の吐露である。

しかし、意見も論も、解釈され、流布されて、つまりは、大衆化してはじめて現実の力をえるのである。実際小さいサークルのなかで影響力をもつにすぎなかったマルクスの考えが、ヨーロッパを越え全世界に広がったのは、大衆化、卑俗化できたからなのだ。

このようなことはマルクス学説だけに起こったわけではない。

論文が書き手の主旨（主意）通りに理解され、受け継がれるなどということは、むしろ稀である。受け継ぐ人は、一人であれ、多人数であれ、「祖述者」、「解釈者」である。解釈された論文は、多かれ少なかれ、変形される。しかし、その「変形」が、意外な成長や展開の素になるのだ。

私が「意外な」というのは、そこに、**書いた本人にも気づかれなかった論点、方法、帰結が存在する**からである。そこに新しい可能性が生まれる。

論文を書いた人間が、かならずしも当の論文をいちばんよく理解しているわけではない、と知っていてほしい、というのが私の意見である。

自分の著作目録をつくる

ものを書く人間は、**自分の著作目録をつくる義務**がある、というのが梅棹忠夫の主張である。私もそう思う。著作目録をつくることは、アフター・ケアの重要な一環でもある。

著作目録があれば、必要なときにすぐ、「現物」（論文）を参照することが可能になる。ところが、その著作目録の重要性は案外認識されていない。一般に、著作目録といわれるものの大部分は、停年とか特別の顕彰を記すパンフレットの付録に、まったく不備な形で掲げられているにすぎない。

しかし私たちは情報社会のまっただ中に生きている

のだ。自分が書いた情報データぐらい、自分で整備していないと、知的な勝負にはとても臨めない。こう思ってほしいものだ。

以下に著作目録を作成するにあたっての注意を列記しておこう。

◇著作目録は、自分でつくりたい。もちろん、他者の助力を仰がない、という意味ではない。本人が主体となって作成する、ということだ。

◇著作目録は、網羅主義がいい。重要な論文や著作だけを抜粋して並べるのではなく、本人が書いたもの全部を集める、これが大原則である。

◇これだけパソコンが普及したのである。著作目録をデータベース化して保存すれば、誰でも利用可能な状態になる。特に印刷物にしなくてもいい。ネット上で「発表」すれば足りる。

◇著作目録は、他者の利用に便宜を提供するという側面もあるが、それを利用する最大のお客は、自分自身である。このことは何度も強調しておきたい。

◇著作目録作成には、「現物」の論文の保存が前提になる。現物の保存は、本人でするしかない。ところが、本人が現物を保存し、整理していないのが通常だ。ずぼら、面倒くさいという理由もあるだろうが、多くの場合、はじめてものを書きだしたとき、将来、自分の書いたものがどれくらいの数になるか、どれくらいの種類に及ぶか、といったことに関心が向かなかったからだ。保存する手間を省いた原因である。だから、「現物」を保存することが大切だ、と気づいたときは、かなりのものが散逸してしまっていることになる。

若いときから、自分の作品の保存と目録の作成を習慣づけることを、万人が書く時代の共通の課題としたい。少なくとも、本書を読んで、論文を書こうとする人には強くすすめたい。

◇著作目録には、やはり**「書式」が必要**だ。自分だけではなく、誰もが共通に使えるべきだから、自己流では困るのである。ところが、実際にはこれが千差万別である。

ここでもやはり、**梅棹式**を紹介しておこう。苦心の末つくりあげたフォーマットである。

690706

『知的生産の技術』

①［著］梅棹忠夫　②岩波新書 722

③1969.7.21　④岩波書店　⑤新書判

218 ページ

収録←650401,650601,650702,650902
651003,651101,681001,681101
681202,690104,690202

抜粋→700403,720403,750415,750422
教科書に抜粋
→720313,720314,730109
730202,730203,731101
760122

少し説明が必要だろう（次頁に実例）。

実際の『梅棹忠夫著作目録』は、印刷物であり、横組み、左右二段である。

最初の 690706 は整理番号で、一九六九年七月六日に発表した六番目の著作を示している。

収録、抜粋、教科書に抜粋は、↓の流れで、全部（収録）、または部分（抜粋）が、どこからどこに移動したかがわかるようになっている。が、この部分は、省いてもいいだろう。

梅棹の目録の記載はブロックになっていて見やすい。しかし、パソコン入力では、連続記載したほうがいい。

そこで、梅棹方式をモデルに、私の同僚の長谷部宗吉（札幌大学女子短期大学部・図書館学）が作成した、「鷲田小彌太著作目録」のフォーマットを示そう（125頁）。

号　第33号　①1969.7.20　④トヨタ自動車販売　⑤pp. 10～27

690705
遊牧民ベドウィン族の割礼式
①〔対象〕大宅壮一・梅棹忠夫
②「大宅対談」『週刊文春』7月21日号　第11巻第28号　③1969.7.21
④文芸春秋　⑤pp. 48～52

390706
『知的生産の技術』
①〔著〕梅棹忠夫　②岩波新書722
③1969.7.21　④岩波書店　⑤新書判218ページ
収録⇦650401,650601,650702,650902,651003,651101,681001,681101,681202,690104,690202
抜粋⇨700403,720403,750415,750422
教科書に抜粋⇨720313,720314,730109,730202,730204,731101,760122

690901
サハラ—文明史的素描
①〔著〕梅棹忠夫　②山下孝介編『大サハラ』③1969.9.24　④講談社
⑤pp. 25～31

691201
過程整理の技術
①〔インタビュー〕梅棹忠夫　②『婦人画報』12月号　通巻791号　③1696.12.1　④婦人画報社　⑤pp. 211～218

691202
第１回・パイオニア旅行記入選作発表・選評
①〔著〕梅棹忠夫　②『旅』12月号　第43巻第12号　通巻511号　③1969.12.1　④日本交通公社　⑤p. 231

691203
情報時代の教養
①〔講演〕梅棹忠夫　②『京都消防』12月号　第22巻第12号　③1969.12.5
④「京都消防」編集員会　⑤pp. 23～45

691204
日本人の転期—情報とエネルギー
①〔共同討議〕林屋辰三郎·梅棹忠夫·司馬遼太郎·山崎正和　②共同通信配信　③1969.12.20

691205
大乱の背景　船·海の情報—倭国の大乱（その１）
①〔共同討議〕林屋辰三郎·梅棹忠夫·山崎正和·上田正昭（執筆）②「日本·変革と情報の時代」（１）共同通信配信　③1969.12.27
収録⇨711204

1990年（平成2年）

◇「●隆慶一郎『吉原御免状』（新潮文庫）●桐生悠々『畜生道の地球』（中公文庫）●長谷川慶太郎『関東平野は世界の心臓』（徳間文庫）（今月の文庫三冊）」中央公論　105年1号、356-357（1990.1.1）　のち『書物の快楽』に収録

◇「風見鶏―創作・評論」北方文藝 23巻1号（264号）、98-100（1990.1.1）

◇「編集後記」　北方文藝　23巻1号（264号）、108（1990.1.1）

◇「今、子供のやる気を引き出すには」リベラル・アーツ（札幌大学教養部教育研究）　2号、204-210（1990.1.15）のち『大学〈自由化〉の時代へ』に収録

［中略］

◇『吉本隆明論　戦後思想史の検証』（三一書房　1990.6.15　471,6p）

【目次】前口上

第一章　敗戦期の自己意識―「近代」の超克

第二章　戦後民主主義の批判―「擬制」の終焉

第三章　戦後思想の達成―「自立」の思想的拠点

第四章　戦後思想の解体と定着―世界普遍への道

第五章　ポスト・モダンの思考―「超西欧的まで」」

あとがき

吉本隆明著作略年譜／吉本隆明論人名索引

著作をデータベース化する

繰り返しになるが、やはり独立の節を割いて、自分の著作をデータベース化する必要を述べておきたい。

データベース化するいちばんの意味は、**論文をはじめとする自分の書いた文章を、いちばん参照し、利用するのが、本人だということ**である。

かつては、書いたものを活字にするだけで、幸運だった。著作集などが出るなどということは、多くの人にとって夢のようなことだった。(著作集が活字で出る困難さは、現在でも変わらない。むしろより困難になっている。) しかし、デジタル時代になったのである。自分の書いたもの全部を、時系列に添ってデータベース化するのは、少しも困難ではなくなった。

私も、ワープロで書きはじめたころからのものを、「著作集」としてデータベース化している。私的に活用できる。とても便利だ。それ以前の「紙」の作品も、全部までとはいかないかもしれないが、主要論文、著作くらいは、データベース化してゆこう、と考え、実行している。結果、ほぼ全部、デジタル化した。

さらに、自分の「著作」がコピーサービスに応じることができれば、便利このうえないだろう。メールで簡単にやりとりできるのだ。速くて、安い。「著作集」を整備しておきさえすれば、誰からの要求にも応えることができるわけだ。

また、これから論文などの文章を書いていこうとする人にとっては、自分の書いたもの、だけでなく、他人のものであっても、必要なものを系統的にデータベース化してゆく努力が大切になるであろう。なに、不用と思えば、消去すればすむのだ。

文献、資料は論文を書くために必要な知的装備である。それがなくては、書くという戦場におもむき、戦果を挙げることはできない。パソコンを活用することで、文献、資料はどんどんデジタル化が可能になる。**自分が書いたものに加えて、他人の書いたものを、データベース化して活用する努力**も、知的装備を強化するために不可欠の作業になってゆくだろう。

パソコンで論文を書くという世界は、「著作目録」と「著作集」を組み合わせて活用することで、どんどん拡がり、奥深くなっていく。あなたの書いた論文が、多くの人の研究と仕事に、そして広く人生に、大きな役割を果たしていくことを期待できる、そんな時代に私たちは生きているのである。

論文は、書かれ、発表されてから、「生き」始め、「成長」する

私の論文
いままで集めた資料をリストアップしてるんです
なにをしているのかな？

あとがき

論文を書くことは、私の仕事の大きな部分を占めてきた。最近は、最も大きな部分になっている。この事情は、私に特殊なことではない。情報社会の進化の中で、誰もが書く時代、書く必要がある時代になった。

かつて、書くことの中心を占めていたのは、文学、とりわけ小説であった。いま小説を書く人が減ったわけではない。しかし、**書く中心は論文やレポートに移った**、と断言していいだろう。

それも、学者や専門のライターが論文・レポートを書くだけではない。学生もビジネスマン・ウーマンも、一様に書く。書く必要に迫られているのである。

だが論文を読むのさえおっくうなのに、書くなんて、と頭から尻込みする人がいまもって多いのだ。つい最近も、一枚の報告書を書かなければと、徹夜して目を真っ赤にしていた友人に出会ったばかりだ。しかも、徹夜の甲斐もなく、彼の手には、分厚い資料があるのみで、報告書はできあがっていないのである。

一枚の報告書ですらそれほど大変であるにもかかわらず、本書は、小論文や報告書の類ではなく、まとまった長さのある「論文」を書く技術を披瀝することをめざしている。論文には、もちろん、学術論文も含まれる。そんな無茶な、と思われるだろう。

そうではないのだ。本書が対象とするのは、特殊な物書き専門研究者、もしくはその志望者なのではないからだ。本書がいわんとするところは、大きくいって三つある。

1　情報社会の進展の中で、**誰もが「論文」を書く時代**になった。

2　論文を書くためには、もちろん、小論文や報告文とは違った**技術が必要**になる。

3　**短文が自在に書ければ、どんな長文でも書くことができる。**

3の技術を教えましょう、というのが本書最大の特長である。つまり、短文さえ書ければ、だれでも論文が書ける、というのだ。

論文を書くのに、特別の能力はいらない。やり方さえ間違わなければ、だれもが学び、利用できる技術があるからだ。

本書冒頭に示したように、論文の書き方を教える古典的な名著がある。ところが、情報社会である。パソコン社会である。それなのに、パソコンを存分に活用して論文を書く技術を教える書物はなかった。**パソコンで書けば、長短さまざまな文章が、自在に書ける、**というのが本書のもう一つの特長である。

私が本書で述べた諸技術で、私の独創になるものはない。全部、先人が提言し、開発したものばかりだ。ただ私には、万年筆とパソコンの両方で、無数の論文、著書を、長いあいだ書いてきた経験だけはある。本書がめざしたのは、私の経験のなかで有効だとわかった技術だけを、だれにも応用可能な形で提供する、ということである。本書が、ひとりでも多くの人の役に立てば幸いである。

なお、旧版『入門・論文の書き方』(PHP新書一九九九年)でお世話になったPHP新書部の編集者だった阿達真寿、出浦順子さんの二人に、あらためて謝意を表したい。また本書出版を進めてくださった杉山尚次編集長に深甚の意を表したい。ありがとうございます。

二〇一四年一〇月一〇日　秋おそい馬追山から

鷲田小彌太